選挙との対話

著者

永井玲衣
大村華子
岸本聡子
田中東子
秦正樹
菅原琢
飯田健

荻上チキ 編著

社会調査支援機構チキラボ 企画

青弓社

選挙との対話　目次

第2章

選挙制度は日本の政治にどう影響しているのか？

——自民党一党優位の背景を説明する

菅原　琢

41

装画——おおはしたくま
装丁——ナカグログラフ［黒瀬章夫］

凡例

［1］政党名は一般的に使用されている略称で表記する。自由民主党は自民党、社会民主党は社民党、日本共産党は共産党など。

［2］衆議院議員総選挙は衆院選、参議院議員通常選挙は参院選と略記する。

まえがき

荻上チキ

まず最初に、本書が世に出ることになった経緯について説明します。

二〇二一年十月、第四十九回衆議院選挙がおこなわれました。この選挙では、自公政権に対抗するため、立憲民主党と日本共産党との間で候補者一本化がおこなわれました。

日本の選挙制度は、シンプルな二大政党制を作り上げるためのものにはなっていません。現在の与党である自民党と公明党がそうであるように、政党間の／選挙前の協力合意が、政権獲得と維持のためには必要です。立憲と共産の協力は、一つの必然的な模索だったといえます。

このときの選挙では、政権交代は実現しませんでした。事前の世論調査から予想されていた結果ではあったものの、立憲民主党幹部の責任問題となりました。そこで、立憲民主党は、トップのメンバーを入れ替えるという選択をします。

その際、選挙前の議席を確保できなかったことについて、枝野幸男代表や福山哲郎幹事長らは、共産党との連携がどのように影響したのかなどについての「科学的な分析」が必要だと述べました。

その様子をメディア経由で眺めながら、いくつもの疑問が湧きました。同党を含めた各政党はこれまで、どのような「科学的な分析」をおこなってきたのだろうか。これから野党がおこなう「科学的な分析」というのは、適切なものになるのだろうか。

こうした疑問に答えるため、社会調査支援機構チキラボで連続セミナーを企画しました。実際に政治に関する研究領域では、今回のような選挙について、どのような分析がされているのか。そのことを丹念に掘り下げるものでした。

他方で、「科学的分析」という言葉の響きは、どことなく難解に感じられるかもしれません。また、その結果があたかも不動なもので、分析結果にしたがって人々にアプローチするというのでは、市民参加を軽んじているように感じられるかもしれません。

政府や政党が、マーケティング手法などを援用して選挙戦術を考えたり、採用する政策やコミュニケーション手段を考えることは、いまや珍しくありません。それに対して、有権者や市民の側もまた、ただ分析される客体ではありません。政党がおこなう「科学的分析」が適切なものであるかをチェックしたり、分析から学んで自身の政治行動を振り返ったり、自らおこなう調査に基づいて異議申し立てをし、問題提起をする主体でもありえます。

そんな前提のもと、連続セミナーでは、哲学者の永井玲衣さんに聞き手を務めていただき、データを対話に開くための時間になるよう心がけました。

さて、選挙という言葉を聞いて、みなさんはどういう印象をもたれるでしょうか。「有権者が政治参加できる唯一の手段」と考えている人も、少なくないでしょう。

実際には、政治参加の手段というのは、選挙だけではありません。ロビイング、デモ、署名、寄付など、政治参加の具体的なレパートリーはたくさんあります。また、広い意味では、インターネット上での発信や、物品の購買、生活圏の選択、友人などとの対話での言葉選びにいたるまで、私たちの身の回りには政治と深い関わりがあるものばかりです。

とはいえ、です。現代の日本では、いわゆる政治に対して距離を感じる人も少なくないでしょう。例えば「あの人は政治的である」という言葉が使われるとき。それは、偏っている、中立的ではない、過剰である、攻撃的であるなど、否定的なニュアンスを含んで用いられているように思います。

こうしたイメージをもとに政治を遠ざけることもまた、一つの政治的スタンスです。ただ、政治に否定的なイメージをもつ人もまた、「選挙じゃ変わらない、かもしれないけど」としながらも、市民的義務として、あるいは慣習的行為として投票にいったり、あるいは選挙結果を一通りは追いかけたり、候補者のポスターや公約などに若干の論評を試みたりはするでしょう。

選挙と、どう関わればいいのか。そのことを考えるためのヒントを、本書にはたくさんちりばめています。第1章「なぜ自民党は強いのか？——政治に不満をもつのに与党に投票する有権者」（飯田健）から第2章「選挙制度は日本の政治にどう影響しているのか？——自民党一党優位の背景を説明する」（菅原琢）、第3章「なぜ野党は勝てないのか？——感情温度や政党間イメージについて」（秦正樹）では、本書の刊行時点（二〇二四年九月）での総選挙などを取り扱いながら、有権者の投票行動の意味と選挙結果について読み解きます。特に選挙制度そのものが、政党の議席獲得戦略や、有権者の投票戦略とどのように関わるのかをつまびらかにしています。選挙の仕組みと現状を理解することで、どんなあり方を目指せばいいのかというビジョンを作る助けになるでしょう。

第4章「なぜ女性政治家は少ないのか？――政治とジェンダー、政治家のメディア表象について」（田中東子）では女性議員に着目し、政治の世界、および政治のメディアイメージがどのように変化してきたのかを整理します。現在の日本の選挙は、有権者が「自分のような人」の意見を聞いてくれるという期待をもてる選挙になっているのか。根幹から振り返る機会になります。

第5章「政治家にとって対話とは何か？――杉並区長・岸本聡子インタビュー」は、二〇二二年に東京・杉並区初の女性区長になった岸本聡子杉並区長へのインタビューです。その際の杉並区長選では市民セクターとの対話の姿勢が注目されました。選挙と市民との距離について、行政の側からはどのように映っているのかを尋ねています。

第6章「私たちはどうやって投票先を決めているのか？――日本の有権者についてわかっていること、データからわかること」（大村華子）では、有権者が選挙に参加するとき、何を参照して投票先を判断しているのかについて論じます。政党、候補者、そして有権者が、直接的というよりは間接的で集合的なコミュニケーションを重ねる、選挙という営み。その姿を眺望することができます。

そして第7章「私たちにとって選挙とは何か？――選挙をめぐる哲学対話」（永井玲衣／荻上チキ）は、有志市民らによる哲学対話です。それぞれが抱く選挙への疑問や印象をぶつけあっています。哲学対話とは一つの答えを出さず、お互いの話を聞き合うプロジェクトです。読んでいると、いろんなモヤモヤがむしろ増えたり、一言、口を挟みたくなるかもしれません。その衝動を通じて、自分のなかにある選挙に対するイメージや規範意識が浮き彫りになると思います。

本書で扱っているデータには、時間とともに古くなっていくものもあります。インタビューなどで取り扱っている事例も、どんどん過去のものになるでしょう。

それでも、本書での分析の手法や対話の姿勢は、時代を問わず多くの刺激を与えられるものになっています。ともに選挙について考え、互いの違いを踏まえながら、「政治の決め方」についてともに語らう。その出発点になれば幸いです。

第1章 なぜ自民党は強いのか？

——政治に不満をもつのに与党に投票する有権者

飯田 健

「政治に不満をもっていますか」――こう聞かれたとき、あなたならどのように答えるでしょうか。少なくない数の人が「不満をもっている」と答えるのではないでしょうか。経済の低迷、増税、政治の腐敗など、政治に不満を抱く理由は枚挙にいとまがありません。SNSを見れば政府に対する批判の声がたくさんつぶやかれているし、テレビの街頭インタビューでは人々が政治への不信感を口にしています。マスコミなどの世論調査でも内閣支持率が五〇%を上回ることはまれです。しかしそれにもかかわらず、これまで長期にわたって日本の政治を担ってきた自民党は選挙になるたび抜群の強さを発揮し、近年の衆院選では単独過半数の議席を獲得することも珍しくありません。野党の支持者からすれば、「これだけ社会には政治に対する不満が渦巻いているのにどうして⁉」となんとも歯がゆい思いなのではないでしょうか。

本章では、このように政治に対する不満が根強く存在するにもかかわらず、なぜ自民党が選挙で強いのかを考えます。一九五五年の結党以来、自民党は九三年八月から九四年六月の期間と二〇〇九年九月から一二年十二月の期間を除き、通算六十年以上もの間、政権の座に就いてきました。とりわけ、一二年十二月から二〇年九月まで存続した第二次安倍晋三政権は、安全保障関連法案や森友学園問題などで大きな批判を受けながらも、二度の衆院選と三度の参院選の国政選挙で五連勝する安定した強さを誇りました。なぜ、自民党はこれほど選挙に強いのでしょうか。本章では自民党と公明党による自公連立が常態化した〇〇年代以降に着目します。「衆議院の優越」によって重要な役割を与えられている衆議院の選挙に焦点を当て、まずは自民党の選挙での強さを確認します。そして、実証的な先行研究を踏まえて二一年十月におこなわれた第四十九回衆院選の有権者調査データを分析することで、この問いに対する答えを探っていきます。(1)

1 自民党の強さ

図1は、二〇〇〇年代以降におこなわれた八回の衆院選での自民党の議席率と比例代表得票率を示したものです。これによると自民党の議席率は八回中五回で五〇%を上回り、単独過半数の議席を獲得しています。また、単独過半数を取れていない三回のうち二回でもほぼ半数の議席を獲得し、連立パートナーの公明党と合わせれば過半数を維持していて、明らかに大敗を喫したといえるのは民主党に政権の座を明け渡した〇九年八月の第四十五回衆院選くらいです。とりわけ、一二年十二月の第四十六回衆院選で政権を奪還した第二次安倍政権はそれ以降、負けなしの強さをみせています。

しかしながら、衆院選比例代表での自民党得票率をみると別の姿がみえてきます。衆院選比例代表では、有権者は全国十一の選挙区に分けられ、その選挙区ごとに政党に一票を投じます。定数一の小選挙区では政党間の選挙協力による候補者調整がおこなわれたり、あるいは独自候補が当選する可能性が低い場合に主要政党が候補者を立てなかったりするので、有権者に与えられる選択肢は限られたものになります。しかし比例代表では、得票率に応じて議席が比例配分されるので、すべての主要政党が選択肢に上ります。この場合、有権者は、素直に自分が最も支持する政党に投票できます。したがって、衆院選比例代表の自民党得票率は、実際に自民党を支持している投票者の割合を最も正確に反映していると考えられるでしょう。

図1に示した比例代表自民党得票率をみると、二〇〇〇年以降は二四・八%から三八・二%と五〇%を大

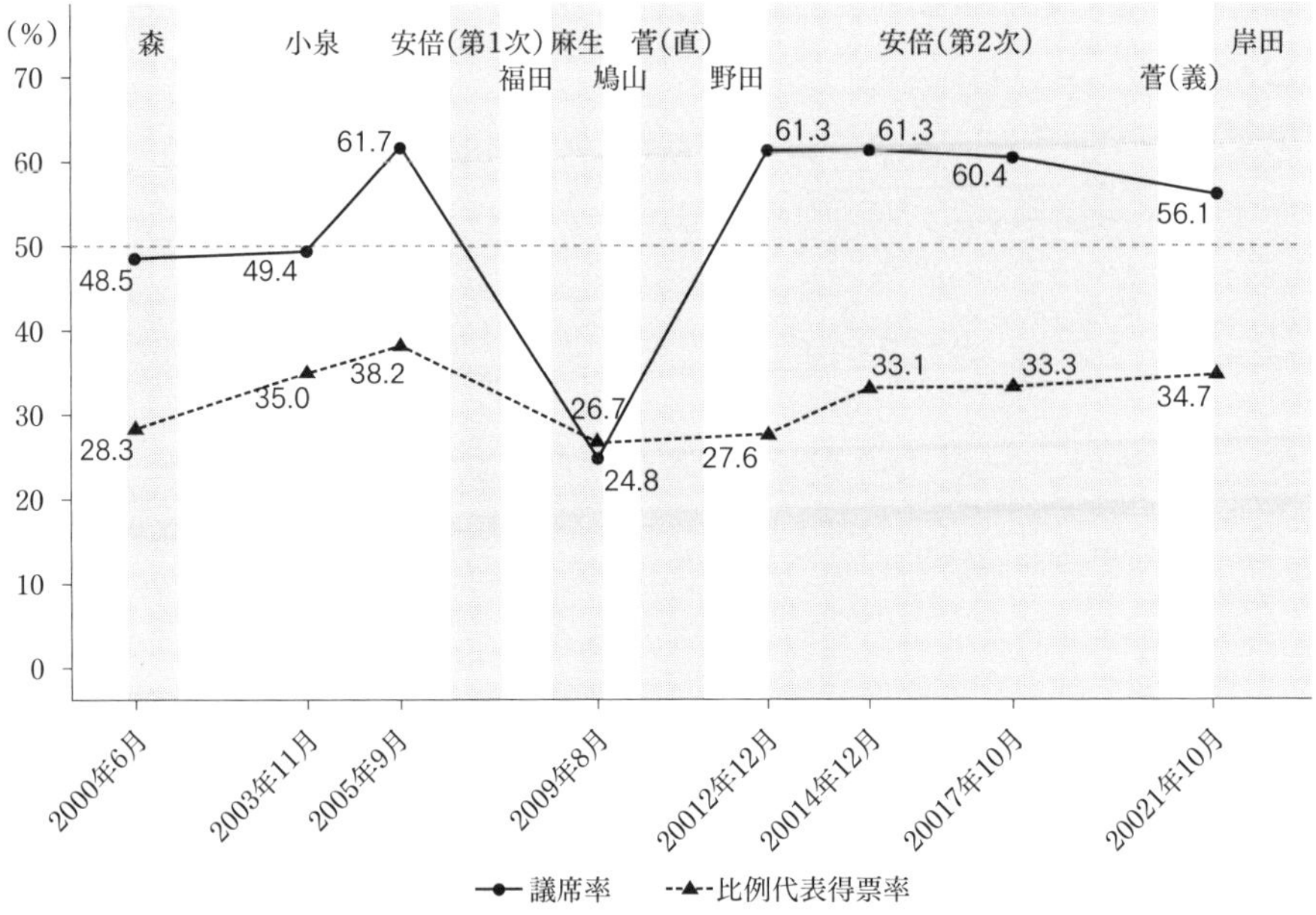

図1　2000年代以降の衆院選での自民党の議席率と比例代表得票率

きく下回っています。議席率にみられるような過半数の支持を自民党が得ているとはとうていいえません。これは、もし選挙がすべて比例代表でおこなわれて得票率に比例して議席を配分したなら、自民党の議席率は得票率と同じ程度、つまり五〇％を大きく下回る結果になることを意味します。つまり、自民党の選挙での強さの原因は、得票率よりも高い議席率を得ていること、言い換えれば効率よく票を議席に変換できていることにあるといえます。

　このような選挙での得票率と議席率との乖離の度合いを数値で表した指標として、ギャラガー指数[2]（gallagher index）があります。ギャラガー指数は理論的に〇から一〇〇の値を取り、各政党の得票率が議席率と完全に一致している場合は〇となり、得票率よりも高い議席率を得ている場合など、両者が乖離するほどこの数値が大きくなります[3]。図2は、自民党が六一・三％もの議席を獲得して政権の座に返り咲いた日本の二〇一二年衆院選と、その前後にＯＥＣＤ諸国（経済協力開発機構加盟国。いわ

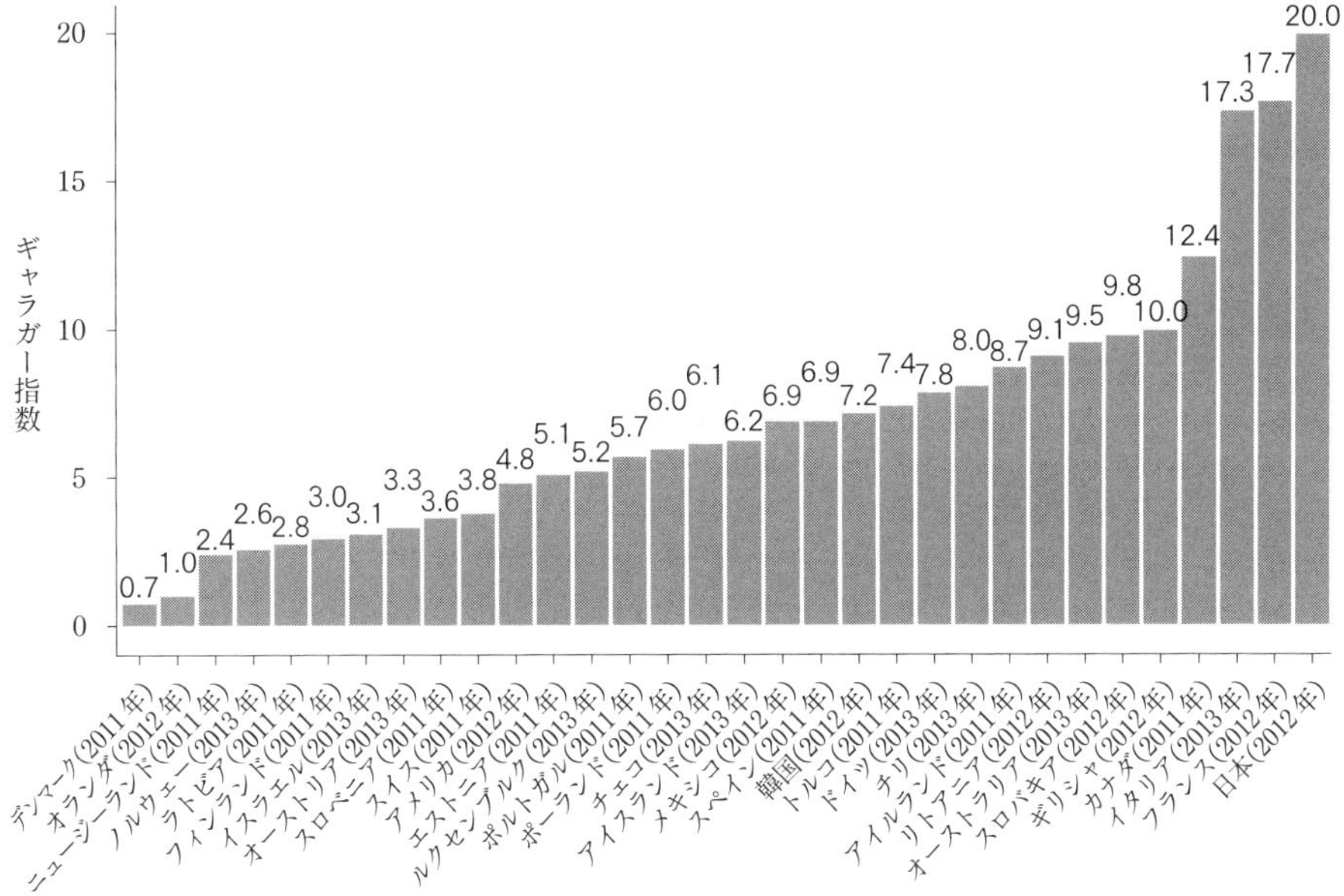

図2　2011年から13年の OECD 加盟国下院選挙での得票率と議席率の不均衡
(出典：Christopher Gandrud, “Gallagher Electoral Disproportionality Data: 121 Countries, 1945-2014” を用いて筆者作成)

ゆる先進国）でおこなわれた下院選挙のギャラガー指数を比較したものです[4]。

この図によると、日本の二〇一二年衆院選のギャラガー指数は二〇・〇と、ＯＥＣＤ諸国の下院選のなかで最も高い数値となっていて、国際的にみてもこの選挙では得票率と議席率の乖離が非常に大きかったことがわかります。これはやや極端な例であるにせよ、やはり自民党の選挙での「強さ」の原因は、他国と比べても少ない票数でより多くの議席を獲得できる日本の選挙の過程にあるといえるでしょう。

2　自民党の強さの原因

それでは、なぜ自民党は得票率よりも高い議席率を獲得できるのでしょうか。最も直感的な答えとしては、選挙制度が挙げられます。日本の衆院選は小選挙区比例代表並立制を採用していて、全議員の六

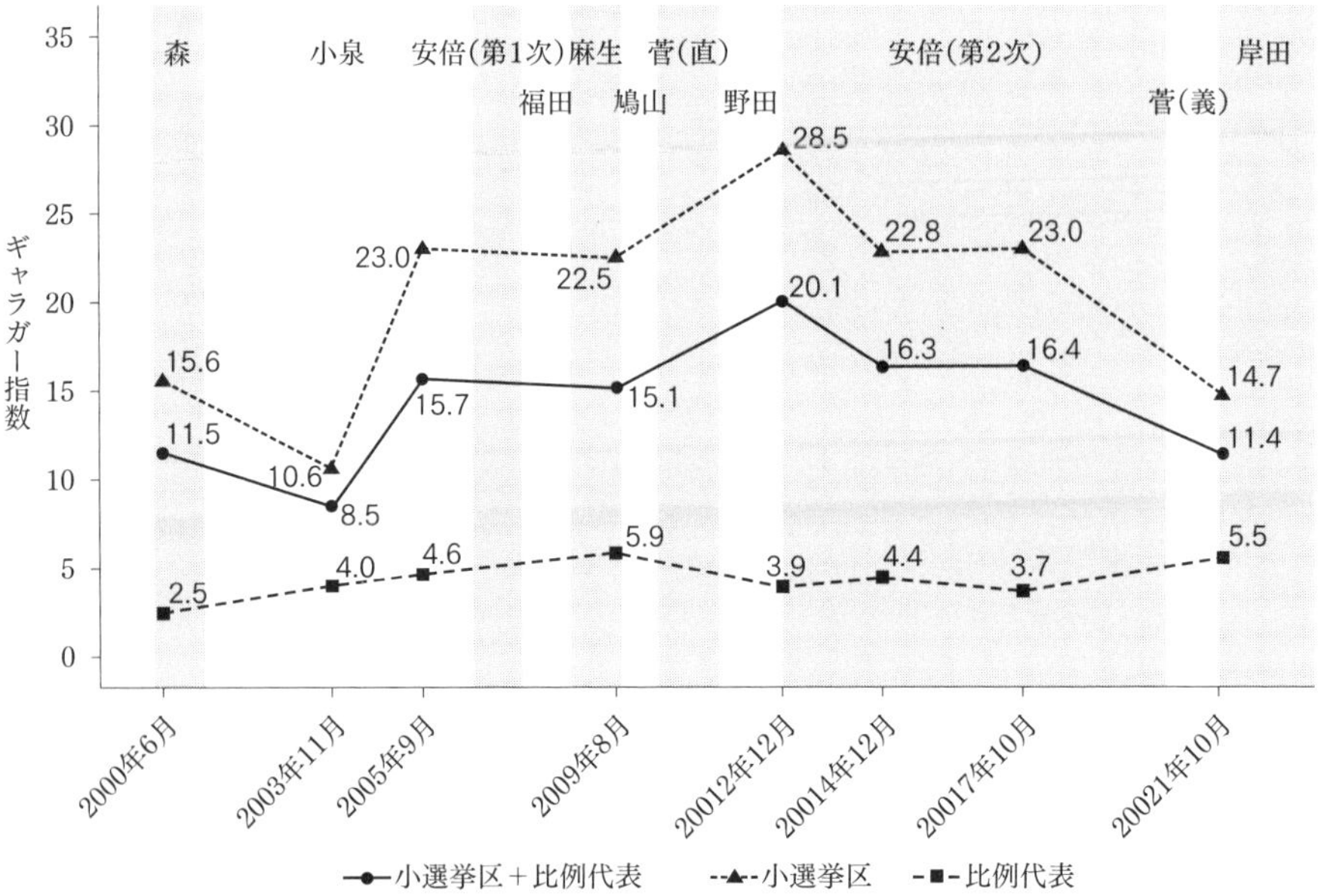

図3　2000年代以降の衆院選のギャラガー指数
（出典：筆者による計算）

○％強が小選挙区から選出されます。定数一の小選挙区では、最も多くの票を得た候補者一人だけが当選します。例えば、候補者が三人いて得票率がそれぞれ四○％、三五％、二五％だった場合、四○％を得た候補者だけが議席を獲得し、それ以外の候補者に投じられた六○％の票は議席につながらない死票になります。つまり、全投票者の半分未満の票しか得られない候補者でも、小選挙区内のほかの候補者と比べて多くの票を得ているかぎり当選できます。

　このように相対的多数の票を獲得した候補者だけが当選する小選挙区では、候補者の得票率と政党の議席率には理論的に大きな乖離が生じます。実際、二○○○年以降の各衆院選での、選挙全体（「小選挙区＋比例代表」）、小選挙区だけ（「小選挙区」）、比例代表だけ（「比例代表」）のギャラガー指数をそれぞれ示した図3をみると、比例代表のギャラガー指数は当然のことながらいずれも一桁と低く、得票率が議席率に高い精度で反映されているとわかります。一方、小選挙区のギャラガー指数はこの期間中すべて一〇を超え、一二年には三〇近くになるなど、得票率と議席率との乖離が大きくなっていることがわかります。小選挙区と比例代表の得票数を分母として得票率を計算した選挙全体のギャラガー指数も、前述したように小選挙区比例代表並立制では議席全体の六〇％強が小選挙区から選ばれるため、小選挙区に引っ張られ、概して一〇を超える値になっています。このことから、自民党が少ない得票でも多くの議席を獲得できるのは、小選挙区から多くの議員が選ばれる選挙制度のおかげだとひとまずいえるでしょう。

▼なぜ自民党は小選挙区で強いのか

しかしながら、選挙制度はあくまですべての政党に等しく適用される「ゲームのルール」であり、自民党の強さの前提とはいえても原因とはいえません。例えば二〇〇九年衆院選では、比例代表での得票率（≒投票者の間での支持率）が四二・一％の民主党が議席の六四・二％を得るなど、小選挙区比例代表並立制は常に自民党に有利にはたらくとはかぎりません。また、上下両院ともすべての議員が小選挙区から選出されるアメリカでは、多くの選挙区で民主党・共和党いずれかの候補者が圧勝していて僅差で勝者が決まることが少ないため、ギャラガー指数は四・八と日本よりも大幅に低くなっています。このように、小選挙区を採用しているからといって自動的に得票率と議席率とが乖離するわけではありません。つまり、自民党の強さは小選挙区比例代表並立制、とりわけ小選挙区で票を議席へと効率的に変換できていることに原因があるのです。

では、なぜ自民党は小選挙区で効率的に票を議席に変換できるのでしょうか。まずは、公明党との選挙協力があります。自民党は二〇〇〇年の第四十二回衆院選以来、公明党との選挙協力をおこなっています。自民党は大阪などおおむね九の小選挙区で候補者を立てずに公明党の候補者を応援します。そのかわりに、それ以外の小選挙区では公明党に自民党候補者を支援してもらうのです。その結果、特に接戦の選挙区で自民党の候補者は公明票に助けられていて、公明党の支援なしには当選できない候補者が多数いるといわれています。例えば、〇〇年から一七年の衆院選について、比例代表で公明党に投票した有権者の八〇%が小選挙区では自民党候補者に投票しているという前提のもとで試算をおこなった一九年のアダム・リフと前田耕の論文[5]によると、自民党は公明党支持者の票がなければ実際に獲得した議席の一六%（二〇一二年第四十六回衆院選）から四六%（二〇〇三年第四十三回衆院選）を失うといいます。

自民党が小選挙区で効率的に勝利できる要因としてさらに、野党が候補者を一本化できないことが挙げられます。前述のとおり小選挙区は相対多数を得た候補者が当選する仕組みのため、例えば投票者の四〇%しか自民党候補者に投票していなくても、残りの六〇%の反自民票が分散すれば、自民党候補者が勝つ可能性が高まります。反対に、もし野党が協議して候補者を一本化できれば、自民党候補者が負ける可能性が高まります。例えば、二〇一六年にイーサン・シャイナーらがおこなった試算[6]では、自民党と公明党が三百の小選挙区のうち合計二百四十六で勝利した一二年衆院選で、もしも民主党と共産党・社民党以外の政党の間で調整がおこなわれていたなら、自公の勝利は百三十四の小選挙区にとどまり、さらにもし民主党と共産党・社民党を含むすべての非自公政党の間で調整がおこなわれていたなら、自公の勝利は百の小選挙区にとどまったと推定されています。つまり野党がまとまらないせいで、自民党候補者は実際の支持よりも多くの議席を獲得することができているのです。

また、ほかの要因として、組織票の存在があります。選挙の際、その構成員に特定の候補者に投票するよう動員をかけることができる利益団体は、候補者にとって信頼できる票田です。たとえ有権者全体での人気が低くても、利益団体が自民党候補者を支援すれば当選する可能性は増します。二〇〇一年から一九年の参院選比例代表の非拘束式名簿での団体推薦候補者の得票を分析したスティーブン・リードの研究(7)では、これらの選挙で遺族会、隊友会、全国郵便局長会、農業協同組合、日本医師会などの利益団体の票は、自民党の得票の最大で四三・四八%(二〇一三年の第二十三回参院選)、少なくとも一九・三九%(二〇〇一年の第十九回参院選)、平均して三五・六一%を占めていたと推計されています。選挙制度が違うので衆院選については同様の分析はできませんが、衆院選の小選挙区でも団体の票は自民党候補者の得票に大きく寄与していたと考えられます。

こうした組織票は、とりわけ投票率が低い選挙でその力を発揮します。というのも、概して投票率が高くなるのはどの政党も支持しない無党派層が多く投票するときであり、その無党派層のなかでは自民党の人気は高くないからです。例えば、時事通信社がおこなった二〇二一年衆院選での出口調査によると、無党派層のなかでは比例代表で自民党に投票したと答えたのは二三・三%にすぎず、立憲民主党の二四・八%と拮抗していました(8)。したがって、無党派層が投票にいって投票率が高まることは、投票数に占める自民党を支持する組織票の割合が低下することを意味し、自民党にとって不利な条件になります。〇〇年衆院選の選挙期間中に自民党の森喜朗首相(当時)が「(無党派層は)自民党に投票してくれないだろうから、投票日には寝ていてくれればいいのだが」と述べ、批判を受けたことは有名な話です。実際、投票率と小選挙区での自民党得票率および全体の自民党議席率との関係を示した図4をみると、「自民党をぶっ壊す」をスローガンに

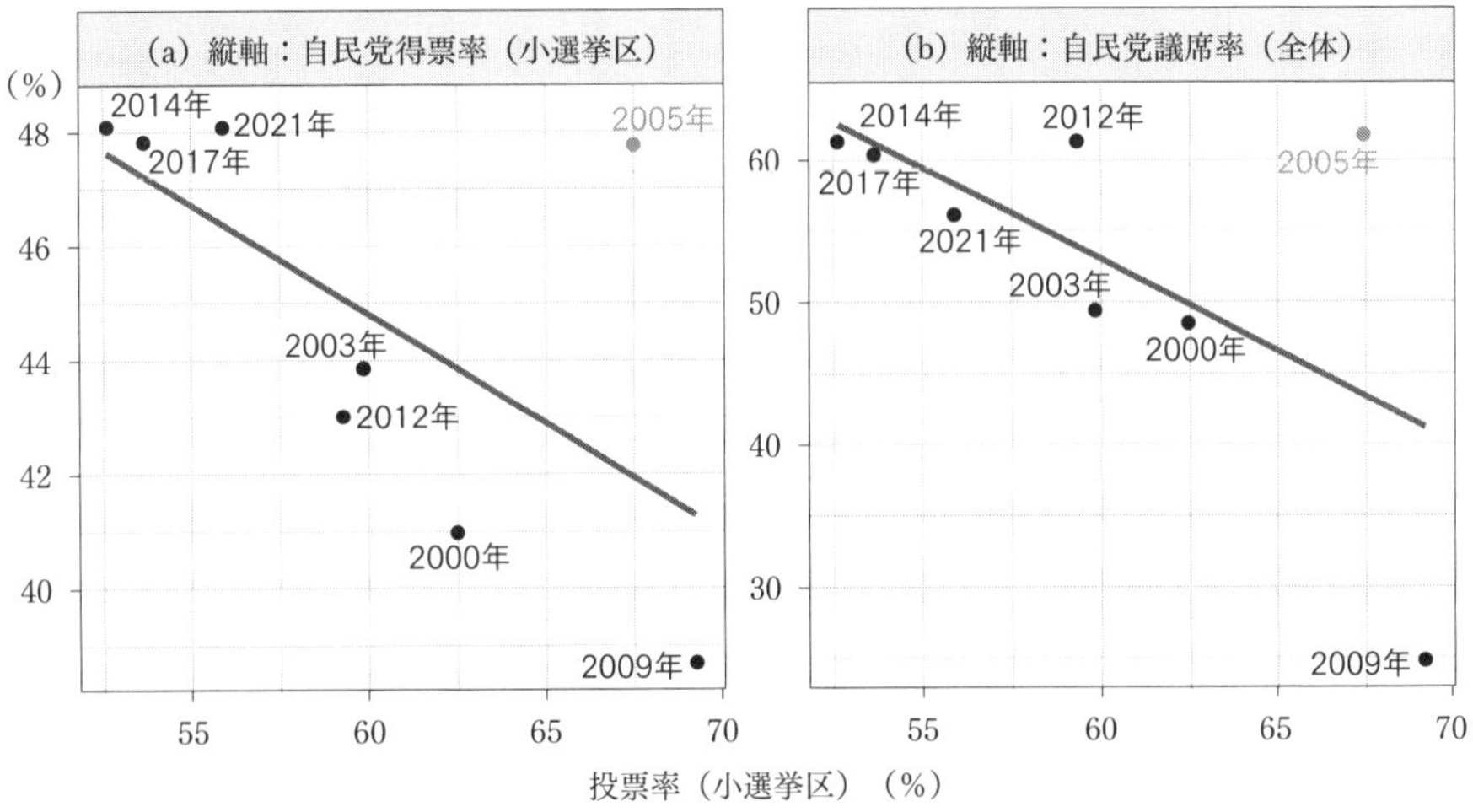

図4　投票率と自民党の得票率・議席率

自民党総裁に就任した小泉純一郎首相（当時）が「既得権益」を批判し郵政民営化を掲げて国民的な支持を得た〇五年の第四十四回衆院選を例外として、投票率が高いときほど自民党の小選挙区での得票率も全体の議席率も低くなることがわかります。

▼「一票の格差」は自民党に有利にはたらいている？

自民党が小選挙区で効率的に多くの議席を獲得できる要因としては、「一票の格差」に関わる問題も見過ごせません。日本国憲法第十四条で法の下の平等が定められているにもかかわらず、選挙での一票の価値は選挙区によって異なります。というのも、選挙区間で定数が同じなら、有権者数が少ないほど自分が投じる一票の価値が大きくなるからです。現行の区割り方式では、非都市部の小選挙区ほど有権者数が少なくなり、一票の価値は大きくなります。例えば二〇二一年衆院選では最も有権者数が少なかった鳥取一区の約二十三万人と、最も有権者数が多かった東京六区の約四十九万人との間では、一票の価値に約二・〇八倍もの格差がありました。鳥取一区の有権者の一票は東京六区の有権者の一票の二倍以上の価値があるということです。これは政治家側からすれば、有権者数が少ない選

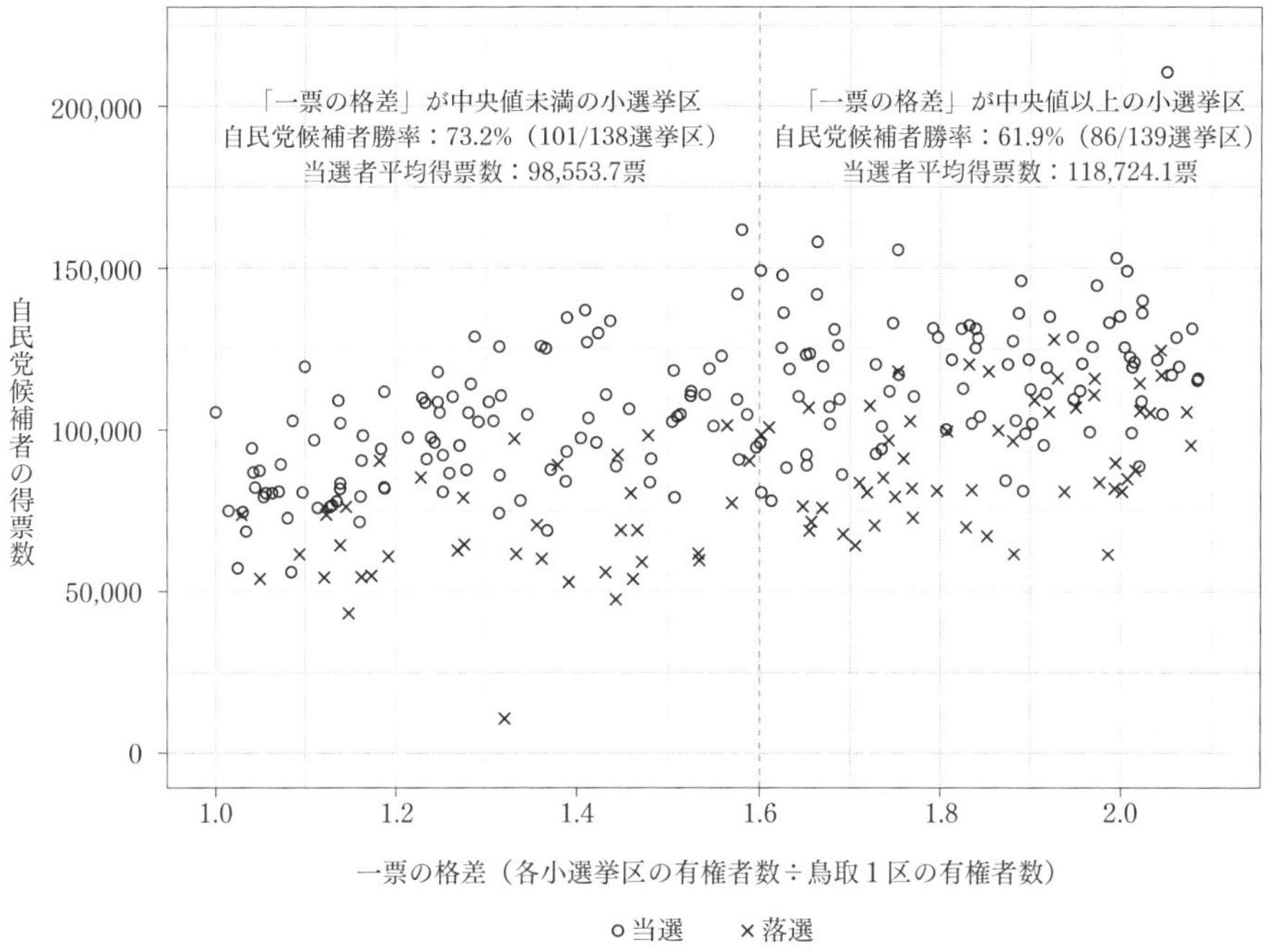

図5　「一票の格差」と小選挙区での自民党候補者の勝率

挙区ほどより少ない票数で当選できることを意味します。自民党はこうした有権者数が少ない非都市部の小選挙区で強いので、全体として少ない票数で効率的に議席を獲得することができています。

図5は、横軸に二〇二一年衆院選での各小選挙区の「一票の格差」（各小選挙区の有権者数÷鳥取一区の有権者数）、縦軸に各小選挙区の自民党候補者の得票数をとり、小選挙区で当選した候補者を○、落選した候補者を×で表したものです。図の中央にある縦の破線は、自民党が候補者を立てた二百七十七の選挙区のなかで「一票の格差」の値がちょうど真ん中の値、すなわち中央値を示したものです。この中央値を挟んで選挙区を二つのグループに分け、それぞれのなかでの自民党候補者の勝率をみてみます。「一票の格差」の値が中央値未満で、より少ない票数で当選できる小選挙区では自民党候補者の勝率が七三・二％である一方、「一票の格差」の値が中央値以上で、当選するのにより多くの票が必要な小選

挙区では六一・九%です。明らかに有権者数が少ない、一票の価値が大きい選挙区ほど自民党候補者が強いことがわかります。当選者の平均得票数も前者が九万八千五百五十三・七票であるのに対し、後者は十一万八千七百二十四・一票と、約二万票もの違いがあります。自民党の候補者は二百七十七人中百八十七人が当選していますが[9]、仮にすべての選挙区が同じ有権者数で一票の価値が完璧に同じ状況なら、当選者はもっと少なかったことでしょう。このことはつまり、自民党は一票の価値が大きく、より少ない得票で当選できる非都市部の選挙区で強いことによって、効率的に票を議席に変換できているということを意味します。

なお、このように自民党が組織票や非都市部の票を獲得できるのは、長期間政権の座にあって利益団体や非都市部の選挙区のために政策的配慮をしたり、補助金を配分したりする権限をもっているからです。すなわち、既得権益を維持しようとする利益団体や産業基盤が脆弱な農村部に対して、自民党は「保護」を与えることと引き換えに票を得るのです。一九六一年から九三年の自民党政務調査会の名簿を分析した石間英雄と建林正彦の二〇二〇年の研究[10]によると、自民党としての政策・法案をまとめる政務調査会の部会のなかでも、社会保険を扱う社会部会や、恩給費を管轄する総理府のカウンターパートとして靖国神社関連の事項や元号法などの政策も扱う内閣部会には、それぞれ関連する利益団体が推薦した参議院全国区選出の議員が多く所属しています。このことから、自民党が利益団体を政策形成過程にアクセスさせている可能性が示唆されています。また、一〇年の斉藤淳の分析[11]によると、七七年から九〇年代の期間で、一票の価値が大きい選挙区ほど、また都市人口が少ない(つまり非都市部の)選挙区ほどより多く補助金を受け取る傾向があるといいます。

自民党が効率的に小選挙区で勝利できる理由として、最後に、有権者の消極的投票が挙げられます。いくら政治に不満があろうとも多くの有権者が自民党以外に政権を任せられる政党がないと考えるのであれば、不満票が野党に投じられることはないでしょう。このような状況は当然、自民党にとって有利にはたらきます。二〇一七年の山田真裕の研究[12]によると、〇五年衆院選から〇九年衆院選にかけて、有権者の自民党に対する政権担当能力評価は低下する一方でしたが、民主党に対するそれは上昇し、その結果、両者は拮抗するようになりました。そして、〇五年衆院選で自民党に投票した有権者の間で、民主党の政権担当能力を高く評価する有権者ほど、〇九年衆院選では民主党に投票先を変更するという傾向がみられました。ところがその後、一六年の第二十四回参院選時には自民党に政権担当能力を求める有権者の割合は七〇%を超える一方、野党第一党の民進党に政権担当能力を求める有権者の割合は二〇%を下回るなど、もはや自民党にしか政権を任せられないという状態が出現しました。このような「自民党以外にない」という状況は、有権者が政治に不満をもっていても自民党に投票する要因になると考えられます。

3 政治に不満をもつにもかかわらず自民党に投票する有権者

本節ではこれらの説明のうち、最後に挙げた自民党に対する消極的投票に焦点を当てながら、二〇二一年衆院選時のＪＥＳ（Japanese Election Study）の有権者調査[13]データを用いて、なぜ現在の政治に不満を感じるにもかかわらず野党ではなく自民党に投票する有権者がいるのか、という問いについてより詳細に検討します。まず、この調査に含まれる「あなたは、現在の政治に対してどの程度満足していますか」という質問に

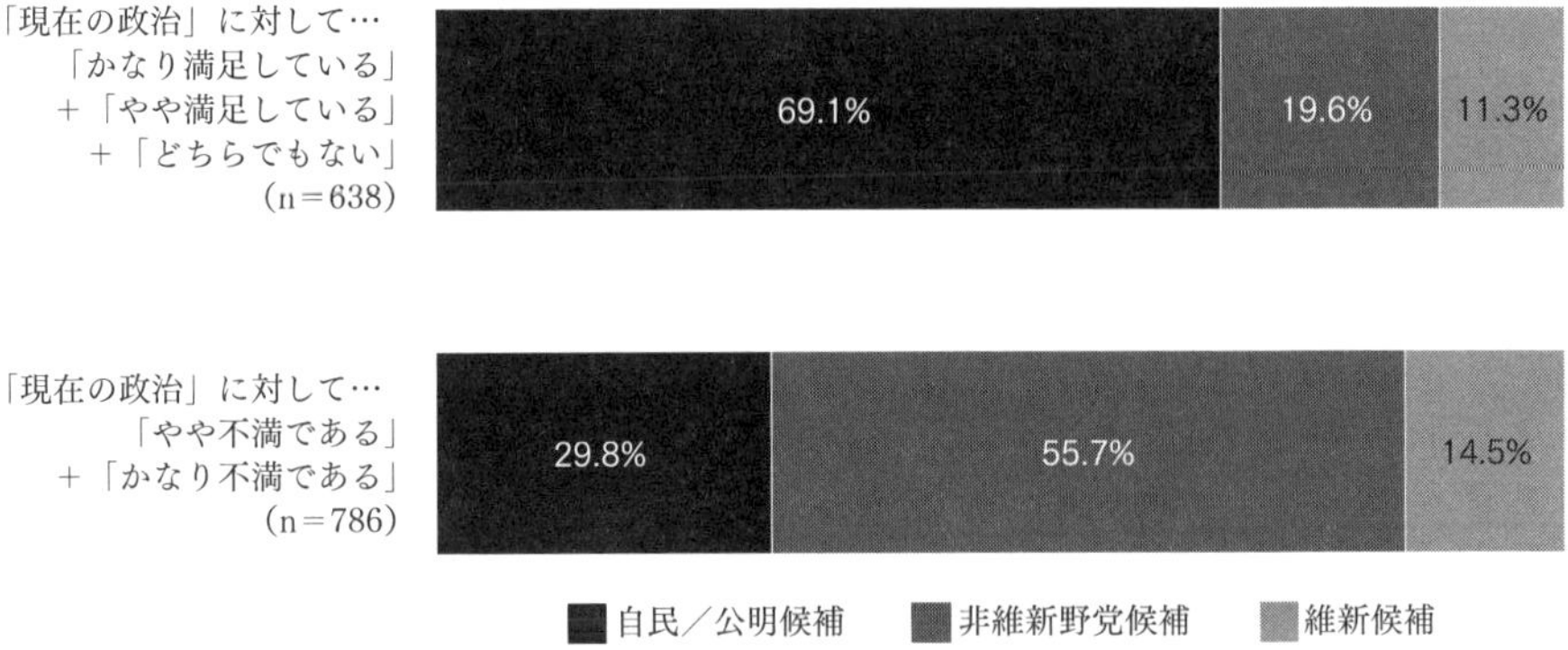

図6　政治満足と有権者の2021年衆院選での小選挙区投票先
（出典：JES Ⅶの2021年衆院選調査データをもとに筆者が作成）

対する回答をみると、「かなり満足している」が〇・九％、「やや満足している」が一一・六％、「どちらでもない」が三二・一％、「やや不満である」が三二・三％、「かなり不満である」が二三・一％と、やはり不満を感じている割合は合計五五・四％と半分を超えています。

図6の上の棒グラフは「現在の政治」に不満をもたない回答者（「かなり満足している」「やや満足している」あるいは「どちらでもない」と答えた回答者）の小選挙区での投票先を示したものです。政治に不満をもたない回答者の投票先として最も多いのが「自民／公明候補」の六九・一％で、つまり約七〇％が与党の候補者に投票しています。一方で、図6の下の棒グラフは「現在の政治」に不満をもつ回答者（「やや不満である」あるいは「かなり不満である」と答えた回答者）の小選挙区での投票先を示したものです。政治に不満をもつ回答者の投票先として最も多いのが「非維新野党候補」の五五・七％となっていて、半数以上が立憲民主党、共産党、国民民主党、あるいはれいわ新選組の候補者に投票していることがうかがえます。また「維新候補」にも一四・五％が投票していて、合計すると政治に不満をもつ回答者の約七〇％と圧倒的多数が野党に投票しています。しかしこれは逆にいえば、十人のうち三人が政治に不満をもつにもかかわらず「自民／公明候補」に投票したということでもあります。つまり、政治に

不満をもつ有権者でもそれなりの割合が与党の候補者に投票しているのです。

政治に不満をもつこうした有権者が小選挙区で「自民／公明候補」「非維新野党候補」「維新候補」の三つの選択肢を選ぶ確率に影響を与える要因を検討するため、ここでは多項ロジットという統計分析手法に基づいてシミュレーションをおこないます。[14]詳細な説明は省きますが、「現在の政治」に不満をもつ有権者の間で、①自民党の政権担当能力が高いと認識することによって、②自民党支持態度をもつことによって、③野党に対する拒否感をもつことによって、④憲法改正に賛成することによって、⑤岸田文雄首相に好感を抱くことによって、「自民／公明候補者」に投票する確率が上昇するという仮説を、それぞれの要因の影響に加えて有権者の基本的属性（年齢、性別、学歴、世帯収入）の影響も考慮しながら検証します。

まず図7は、自民党の政権担当能力をどう評価するかによって各候補者に投票する確率がどのように異なるのか確認したものです。「あなたは、現在、どの政党がもっとも政権を担当する能力があると思いますか」という質問に対して自民党を選んだ回答者と、「そのような政党はない」を含む自民党以外の選択肢を選んだ回答者が、それぞれ「自民／公明候補」「非維新野党候補」「維新候補」に投票する予測確率を示しています。これによると先に挙げたほかの要因の影響を考慮しても、自民党が最も政権担当能力があると答えた回答者は四八・四％の確率で自民党／公明党候補者に投票すると予測される一方、それ以外の回答者が自民党に投票する予測確率は三二・三％と大幅に低くなっています。つまりこの結果は、政治に不満をもつ有権者でも「政権を任せられるのは自民党しかいない」という思いをもっていれば、自民党／公明党候補者に投票することを示唆します。

次に図8は、自民党を支持する態度と投票選択との関係を示したものです。政党支持態度は投票行動研究

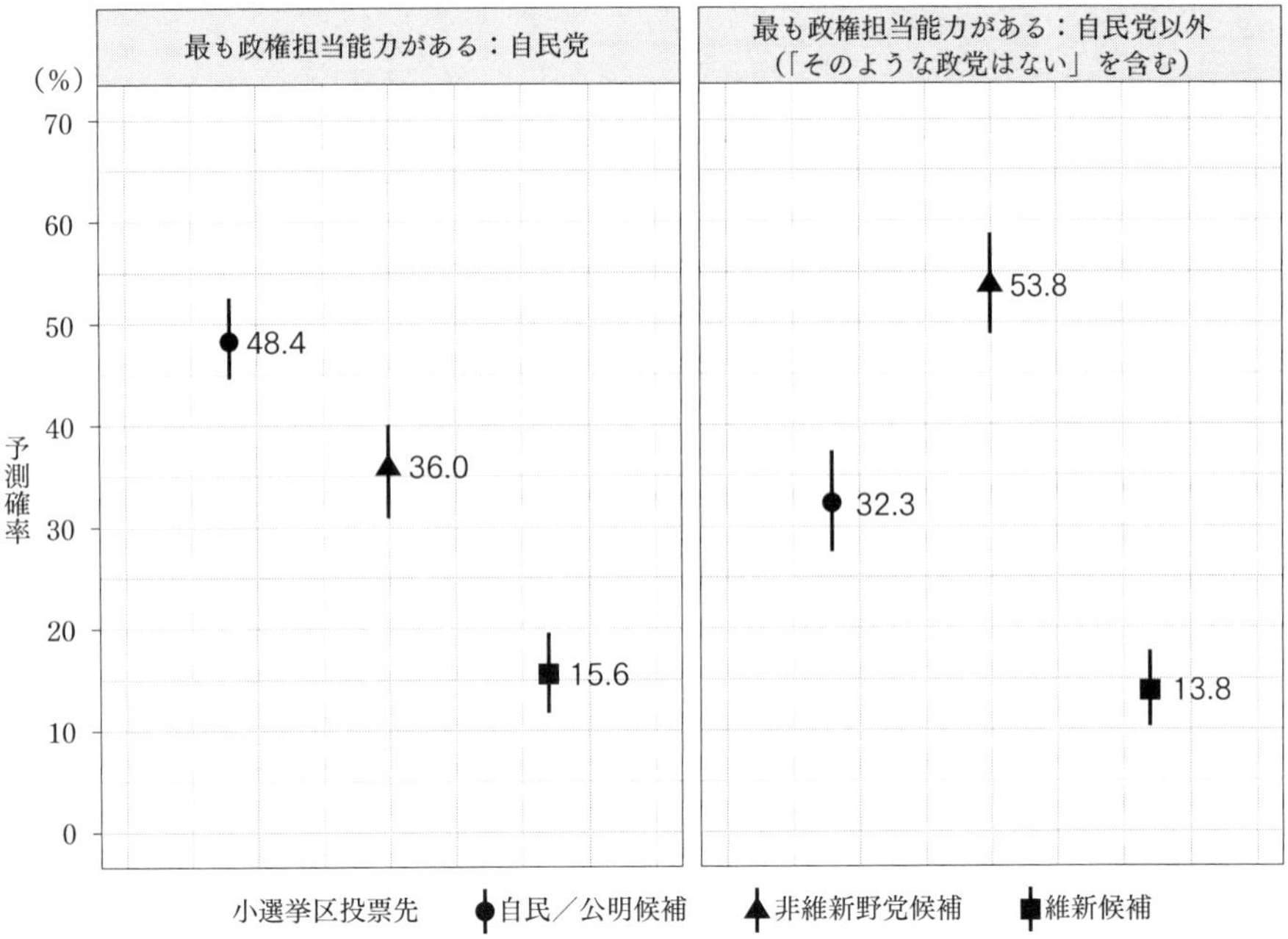

図7　「現在の政治」に不満をもつ有権者の自民党政権担当能力評価と小選挙区投票先
（出典：JES Ⅶの2021年衆院選調査データを用いた多項ロジットの結果に基づき筆者が作成。垂直の線は推定値の95％信頼区間を表す）

で伝統的に最も重視される要因であり、自民党に対する心理的愛着に起因する支持態度は、たとえ現在の政治に不満をもっていようとも自民党に投票する要因になりえます。六十年以上の長きにわたって同じ名前で存続してきた自民党に対してそのような心理的愛着をもつ有権者は多いと考えられます。実際、図8によると自民党を支持する回答者は五二・九％の確率で自民党／公明党候補者に投票すると予測される一方、それ以外の回答者が自民党に投票する予測確率は三五・六％と大幅に低くなっています。つまりこの結果は、政治に不満をもつ有権者でも自民党を支持する態度をもっていれば、自民党／公明党候補者に投票することを示唆します。

さらに図9は、立憲民主党、共産党、国民民主党、れいわ新選組といった自民党に対立的な野党のうち「絶対に支持したくない政党」がいくつあるか、つまり非維新系野党を拒否する度

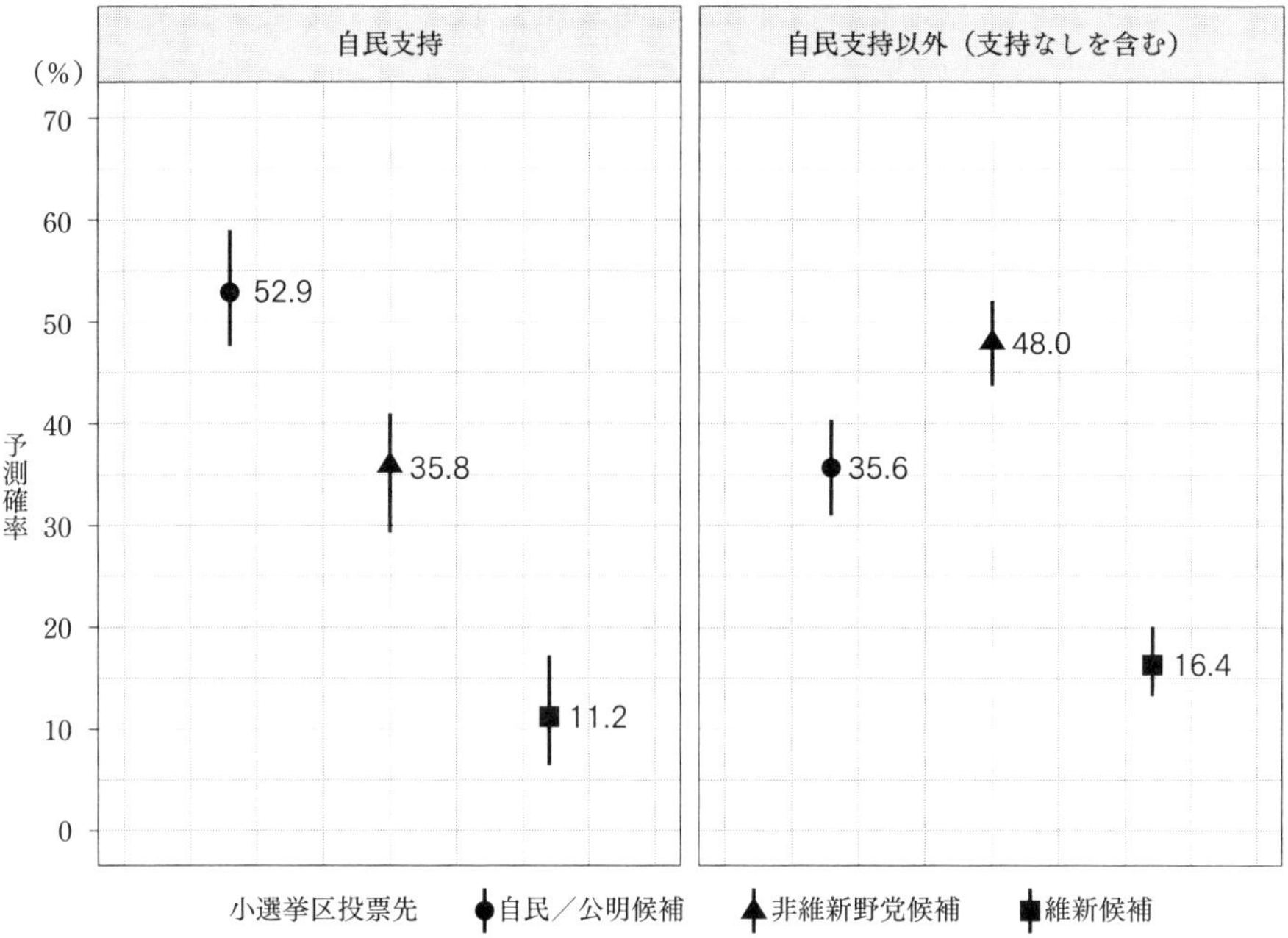

図8　「現在の政治」に不満をもつ有権者の自民支持と小選挙区投票先
（出典：JES Ⅶの2021年衆院選調査データを用いた多項ロジットの結果に基づき筆者が作成。垂直の線は推定値の95％信頼区間を表す）

合いの強さと投票選択との関係を示したものです。こうした特定の政党を支持ではなく拒否する態度は否定的党派性といわれ、有権者の選択肢の幅を狭めます。否定的党派性をもつ有権者はこれら以外の政党から投票先を選ぶことになるため、相対的に自民党／公明党候補者を選ぶ可能性は高まります。実際、図9によると、立憲、共産、国民、れいわのうち「絶対に支持したくない政党」がゼロの場合には、自民党／公明党候補者に投票する確率は三七・六％にすぎませんが、これらの政党全部を「絶対に支持したくない」と回答した場合、その確率は五三・五％にまで高まっています。このことから、やはり「政治に不満はあるけど野党が嫌いだから仕方なく自民党に入れる」という有権者の選択は実際におこなわれているように思えます。

また図10は、憲法改正に対する賛否と投票選択の関係を示したものです。憲法改正は安全保

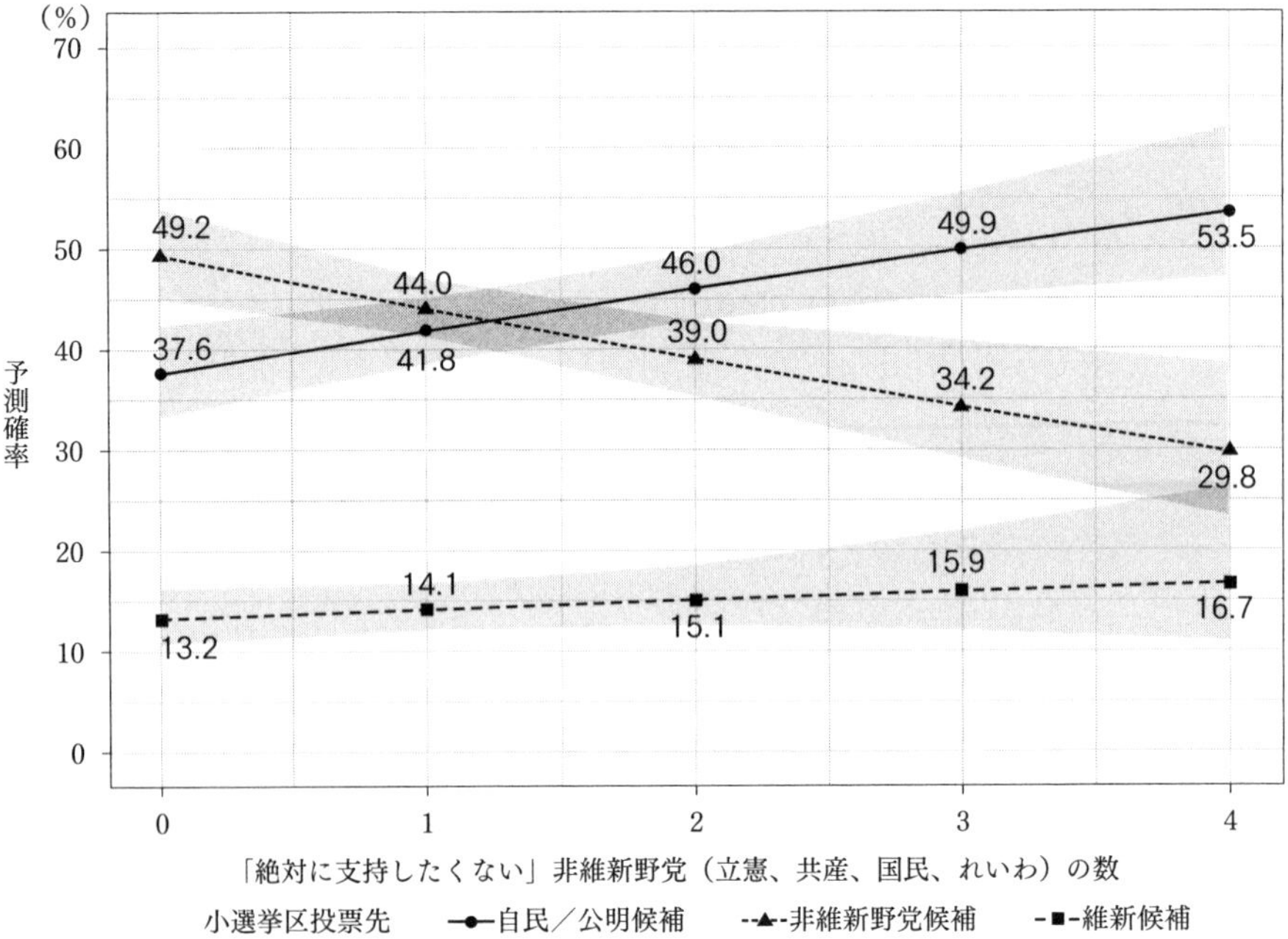

図9 「現在の政治」に不満をもつ有権者の非維新野党忌避態度と小選挙区投票先
（出典：JES Ⅶの2021年衆院選調査データを用いた多項ロジットの結果に基づき筆者が作成。グレーの範囲は推定値の95％信頼区間を表す）

障政策と密接に関連し、戦後の日本政治のイデオロギー対立の中心でありつづけてきました。しかし近年、日本を取り巻く国際情勢の緊張を受けて徐々に憲法改正を支持する有権者の割合が高まってきています。一方で、立憲民主党や共産党などのリベラル系野党は一貫して憲法改正反対を主張していて、世論との乖離が指摘されています。このことから、政治に不満があるとはいえ日本の安全保障を考えるとリベラル系野党には任せられないという気持ちで自民党に投票する有権者がいるかもしれません。実際、図10によると「今の憲法は大筋として立派な憲法であるから、現在は改憲しない方がよい」という意見に近いと回答した有権者が自民党／公明党候補者に投票する予測確率は三六・三％なのに対し、「今の憲法は時代に合わなくなっているので、早い時期に改憲した方がよい」という意見に近いと回答した有権者のそれは五二・

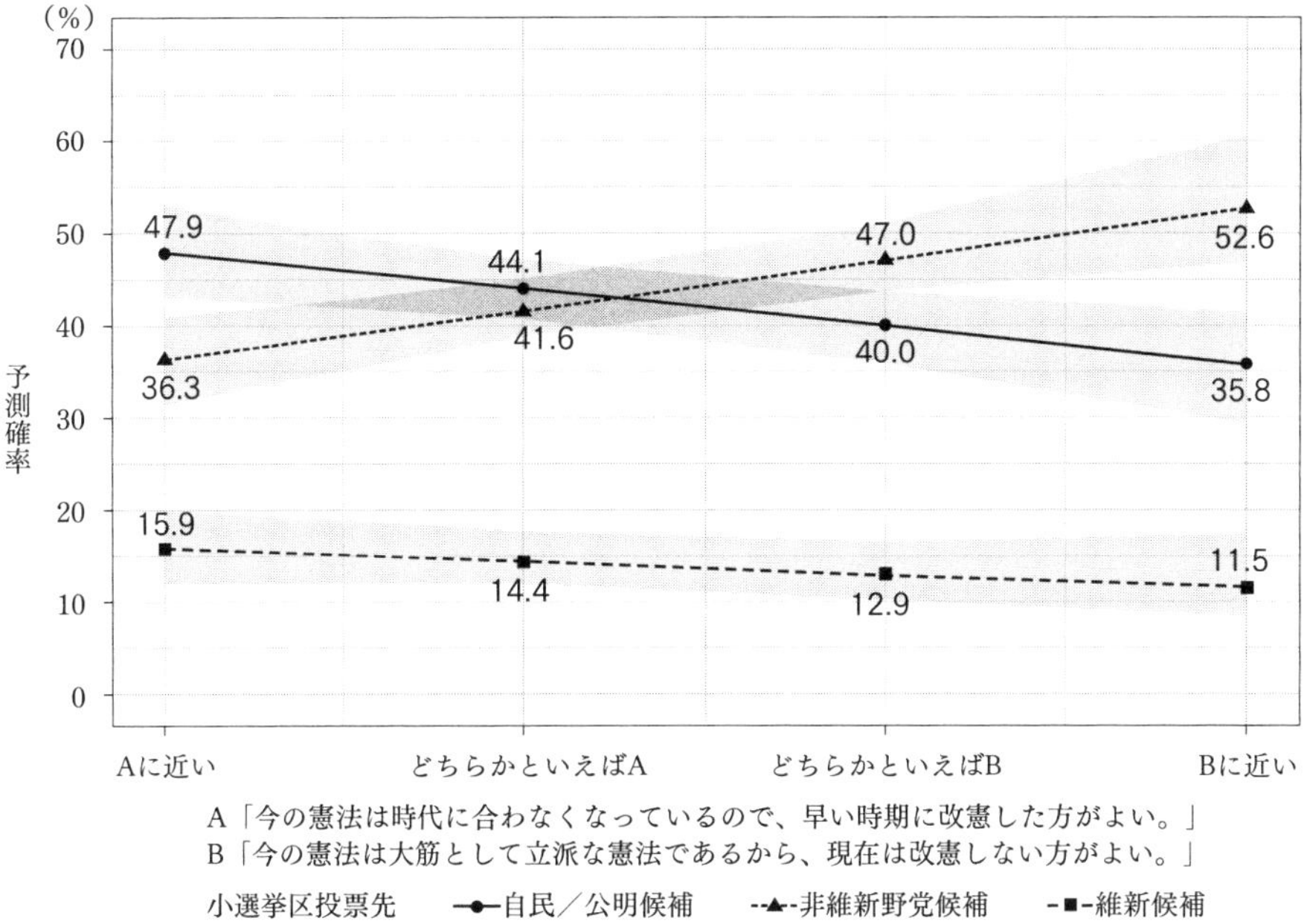

図10　「現在の政治」に不満をもつ有権者の憲法改正争点と小選挙区投票先
（出典：JES Ⅶの2021年衆院選調査データを用いた多項ロジットの結果に基づき筆者が作成。グレーの範囲は推定値の95%信頼区間を表す）

六%になるなど、憲法改正を支持する有権者ほど政治に不満をもっていても自民党／公明党候補者に投票する傾向があるようです。

最後に図11は、「岸田文雄」に対する感情温度と投票選択の関係を示したものです。菅義偉前首相は就任以降主要な選挙に負け続け、衆議院議員の任期満了に伴う解散総選挙を前に「菅首相では選挙を戦えない」という党内の声に抗しきれず、二〇二一年九月の自民党総裁選への不出馬と首相退任を表明しました。そのあとを受け、自民党総裁と首相に就任した岸田首相は「聞く力」をもつ選挙の顔として期待されていました。つまり、菅前首相から交代した岸田首相に好感を覚えて、政治に不満をもちながらも自民党／公明党候補者に投票した有権者がいたと考えられます。実際、図11をみると岸田首相に対する最も強い反感を意味する感情温度〇の回答者が自民党／公明党候補者に投票する予測確率は二九・七%であるのに対し、

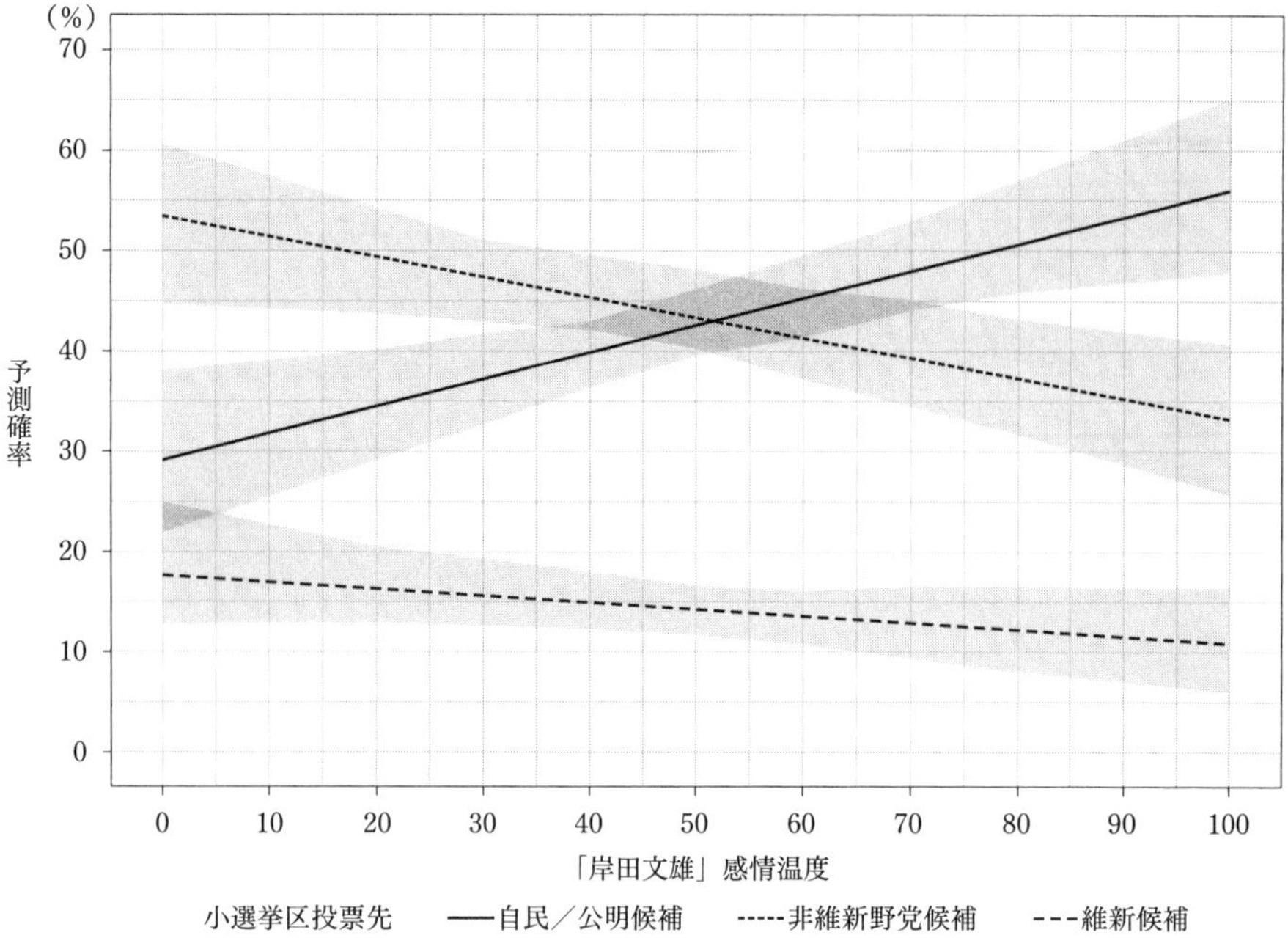

図11　「現在の政治」に不満をもつ有権者の「岸田文雄」感情温度と小選挙区投票先
（出典：JES Ⅶの2021年衆院選調査データを用いた多項ロジットの結果に基づき筆者が作成。グレーの範囲は推定値の95%信頼区間を表す）

最も強い好意を意味する感情温度一〇〇の回答者のそれは五五・九%です。このことから、岸田首相に対する感情温度は投票選択にかなり大きく影響していることが推定されます。やはり選挙の直前に岸田首相に交代したことは、不満を抱く有権者が野党に投票するのを抑制する効果があったというべきでしょう。

4　自民党が負けるシナリオ？

本章では、有権者が政治に不満をもっているにもかかわらず自民党が衆院選で強い原因について検討してきました。比例代表の得票率でみるかぎり、自民党を支持する人は投票者の半分にも満たないと考えられます。それにもかかわらず、全体として単独過半数の議席を得ることができるのは、小選挙区で効率的に票を議席に変換できているからです。これを可能にしているのは、公明党との選挙協力、野党の分裂、組織票の存在（とその効果を高める低投票率）、一票の価値が高い非都市部の小選挙区での強さ、自民党への消極的支持です。今後もこれらが続くかぎり、自民党は有権者が政治への不満を抱いていようとも、選挙で勝ち続ける可能性は高いでしょう。

それでは、自民党が負けるシナリオはどのようなものが考えられるでしょうか。まず大前提として、やはり政治への不満は選挙での有権者の与党／野党間の投票選択を大きく分けます。本章で詳しくみた二〇二一年衆院選の有権者調査データによると、政治に不満をもつ投票者の割合は半数を少し超える程度でしたが、その約七〇％が野党に投票していました。これは政治に不満をもつ有権者の割合が高まれば、選挙で与党が負ける可能性が高まることを示唆します。

それを踏まえながらほかの要因について考えると、公明党との選挙協力の解消、「一票の格差」の解消、組織票の衰退は、少なくとも短期的にみてあまり現実的ではありません。そうすると残るは野党です。野党間での候補者調整による候補者の一本化、憲法改正を含むより現実的な安全保障政策への転換、政権担当能力評価の向上、野党に対する拒否感の緩和は、有権者が抱く政治への不満をより効率的に野党への票に「変換」することを可能にするでしょう。こうした野党側の要因については、第3章「なぜ野党は勝てないのか？――感情温度や政党間イメージについて」[15]（秦正樹）で詳しく分析しています。また野党がまとまらない理由として、憲法改正争点での意見の不一致などが挙げられていますが、より大きくは衆議院の多数代表的な小選挙区制がもつ野党共闘への「求心力」が、比例代表制の「遠心力」によって弱められるという問題があります。こうしたメカニズムについては第2章「選挙制度は日本の政治にどう影響しているのか？――

自民党一党優位の背景を説明する」（菅原琢）で詳しく述べています。

最後に、無党派層が投票して投票率が上昇することや首相の好感度が低いことは、自民党にとって不利にはたらきます。本章で紹介したように二〇〇〇年衆院選時に森首相が「投票日には寝ていて」と発言したことや、内閣支持率が下がると「このままでは選挙は戦えない」と自民党内で首相の交代を求める「〇〇下ろし」が始まることは、これを自民党の政治家も肌で感じて知っているからでしょう。

代表民主制では、有権者を満足させないと次の選挙で負けると与党が思うからこそ、与党は有権者の声に耳を傾け、その意見を政治に反映させようとします。言い換えれば、与党が選挙で負けることを恐れるからこそ、有権者は選挙を通じて与党をコントロールすることができます。しかし、もし与党が何もしなくても選挙に勝てると思えば、有権者の意見を無視し、自らに与えられた権力を使って自分やその周りの人たちの利益を追求しようとするでしょう。本章での「選挙に強い自民党」の検討を踏まえて、日本の代表民主制がどの程度うまくいっているのか、仮にうまくいっていないとすればどうすればいいのか、いま一度考えてみてください。

注

（1）有権者の不満にもかかわらず自民党長期政権が続く原因については、膨大な数の先行研究が国内外に存在するが、本書の性質に鑑み、ここでは先行研究で示されたエビデンスを紹介するときだけ先行研究を明示する。

（２）Michael Gallagher, "Proportionality, Disproportionality and Electoral Systems," *Electoral Studies*, 10(1), Elsevier, 1991.

（３）ギャラガー指数（最小二乗指数）は次の式によって与えられる。

$$LSq = \sqrt{\frac{1}{2}\sum_{i=1}^{n}(V_i - S_i)^2}$$

ここで、Viは政党iの得票率、Siは政党iの議席率である。

（４）日本を含む、複数の選挙制度が併存している国の選挙については、各選挙制度で得た得票数の合計をもとに各政党の得票率を計算している。例えば日本の衆院選での自民党得票率は「自民党の小選挙区得票数＋比例代表得票数」÷「小選挙区投票数＋比例代表投票数」×一〇〇で計算している。

（５）Adam P. Liff and Ko Maeda, "Electoral Incentives, Policy Compromise, and Coalition Durability: Japan's LDP-Komeito Government in a Mixed Electoral System," *Japanese Journal of Political Science*, 20(1), Cambridge University Press, 2019.

（６）Ethan Scheiner, Daniel M. Smith and Michael F. Thies, "The 2014 Japanese Election Results: The Opposition Cooperates, but Fails to Inspire," in Robert J. Pekkanen, Steven R. Reed and Ethan Scheiner eds., *Japan Decides 2014: The Japanese General Election*, Palgrave Macmillan, 2016.

（７）Steven R. Reed, "Patronage and Predominance: How the LDP Maintains Its Hold on Power," *Social Science Japan Journal*, 25(1), University of Tokyo and Oxford University Press, 2022.

（８）「無党派、立・自に二分　維新躍進18・8％――出口調査」「JIJI.COM」二〇二一年十月十九日（https://www.jiji.com/jc/v4?id=20211019shuinsen_data0010）［二〇二四年四月二十五日アクセス］

（９）自民党は衆院選後、無所属として立候補し当選した二人を追加公認しているため、公式の当選者数は百八十九人となっている。

(10) 石間英雄/建林正彦「二院制と政党組織——参議院議員の政策活動」、日本選挙学会編「選挙研究」第三十六巻第一号、日本選挙学会、二〇二〇年

(11) 斉藤淳『自民党長期政権の政治経済学——利益誘導政治の自己矛盾』勁草書房、二〇一〇年

(12) 山田真裕『二大政党制の崩壊と政権担当能力評価』(シリーズ政権交代期における政治意識の全国的時系列的調査研究)、木鐸社、二〇一七年

(13) この調査は、科学研究費補助金・基盤研究(A)(課題番号:20H00063)「JESⅦ調査実施による選挙研究から代議制民主主義研究への展開とデータ公開」による研究成果である。調査は選挙前調査と選挙後調査からなる。全国十八歳以上有権者を対象にし、性別・年代・地域による回収後多重クォータ標本に対してオンラインで実施された。事前・事後調査を通じての有効回答数は二千十九である(ただし質問ごとに無回答による欠損値が存在する)。

(14) 野党共闘の有無、維新候補の有無などによって選挙区ごとに候補者の選択肢が異なることから、方法論的により厳密には比例代表での投票先で分析すべきだが、ここでは関心を優先させ、小選挙区での投票先を分析する。

(15) 前田耕「「一強多弱」の政治をどう見るか」「SYNODOS」二〇一八年八月一日(https://synodos.jp/opinion/politics/21918/)[二〇二四年四月二十五日アクセス]

[付記] 選挙区レベルの分析にあたって同志社大学大学院法学研究科博士後期課程の髙木顕心氏の助力を得ました。ここに記して謝意を表します。

第2章

選挙制度は日本の政治にどう影響しているのか？

――自民党一党優位の背景を説明する

菅原 琢

1　自民党の「強さ」の謎

現在、日本の国政選挙では毎回のように自民党が勝っています。日本では自民党が人気だ、なんだかんだ言っても日本国民は自民党が好きなんだと論じる人もいます。

ところで、実際にみなさんの周りに自民党が大好きな人はどれくらいいるでしょうか。あなたに友人が百人いたとして、五十人以上が自民党のファンや支持者でしょうか。おそらくほとんどの人はそうではないでしょう。

簡単な数字を提示しておきましょう。岸田文雄内閣のもとでおこなわれた二〇二二年の第二十六回参院選の比例区で、自民党が獲得した票数は千八百二十六万票でした。これは有権者全体の一七・四%にあたります。二一年の第四十九回衆院選の比例区では自民党は千九百九十一万票を獲得しましたが、これは有権者全体の一八・九%にあたります。つまり、選挙権をもっている日本の〝大人〟のうち、自民党に投票しているのは五人に一人もいません。これは投票率が高い高齢者を含めた有権者全体の統計です。二十代以下では自民党に投票している人は、七人に一人程度と推定できます。(1)

この有権者全体に占める得票割合のことを「絶対得票率」と呼びます。「絶対得票率」の低さは、岸田内閣が「不人気」だからではありません。その前の菅義偉内閣、安倍晋三内閣のときの数字もたいして変わりません。もし五人に一人や七人に一人が投票していることを「不人気」というなら、自民党は常に不人気ということになります。いうまでもなく、この数字以下の他党も「不人気」ということになります。

自民党は毎回のように圧勝しているのに、自民党を好きな人はあなたの周りにそれほどいないし、実際に自民党に投票している大人の割合も低い。この落差が生まれる原因は、「選挙」の仕組みにあります。選挙の仕組みのことを政治学では選挙制度と呼んでいます。日本の政治の現状や展望は、この選挙制度について理解すると、もう少し深くわかるようになります。今回は、日本の国政の選挙制度のうち衆議院選挙の制度について解説し、これが日本の政治にどのような影響を与えているのか議論していきます。そして特に、政界のなかで自民党だけが強いように見える状況（以下、自民党一党優位と呼びます）に、選挙制度がどう関わっているのか論証していきます。

なお、選挙制度という言葉は、投票の仕方や立候補の仕方、選挙運動の制限など、一般に選挙のあらゆる仕組みに対して用いられる言葉です。しかし今回は、投票数を選挙結果（候補の当落や政党の議席数）に変換する仕組みに限定してこの言葉を用いることにします。こうした狭い意味での選挙制度だけでなく、広い意味での選挙制度も政治のあり方に影響を及ぼしているというのが私の考えですが、紙幅の関係もあり、一般に関心と議論が集中している狭い意味での選挙制度だけを取り上げることにしました。

2 もくろみが外れた衆院選挙制度改革

▼選挙制度と政党制

選挙制度が政治に与えるさまざまな影響のなかで、最も基本的なものは政党制（政党システム）に与える影響です。政治学はこの選挙制度と政党制の関係について古くから議論してきました。こうした議論は政界周辺でも利用されていて、政治改革を通じて日本の現在の選挙制度にも一定の影響を与えました。

例えば、「デュベルジェの法則によって、小選挙区制を導入すると二大政党制になる」という言説を政治評論家や政治家から聞いたことがあるかもしれません。ここで小選挙区制とは、一つの選挙区で当選者、つまり議員を一人だけ選出する選挙制度のことです。また二大政党制とは、二つの大政党が政権を奪い合うような政党制をイメージして一般に用いられています。

この「法則」はフランスの政治学者モーリス・デュベルジェが選挙制度と政党制の関係に関する研究のなかで主張したことに由来します。(2) デュベルジェは、「単純多数一回投票制度は、二党制に有利に働く(3)」と主張しました。(4) 単純多数一回投票制度はいわゆる小選挙区制のことです。この七十年も前の研究が現在でも政治の議論に影響を与えているわけです。

政党制とは、各国議会や選挙競争に参加する政党の数や規模、政党同士の関係を総合した概念です。デュベルジェは、政党の数が二党かそれ以上かで議論していました。一方、イタリアの政治学者ジョバンニ・サルトーリは、もう少し細かく分類することで各国の政治の特徴を浮き彫りにしました。[5] サルトーリの分類では、多党制のなかに穏健な多党制と分極的な多党制があるとした点が特に重要です。簡単に説明すると、例えばドイツを代表とする穏健な多党制では、各党間のイデオロギーの差が小さく、連立が成立しやすく政権も安定しやすくなります。一方、戦後イタリアを代表とする分極的な多党制では、各党の考えが大きく異なり互いに仲が悪いために政権が不安定になりやすいということです。またサルトーリは、日本の例にも着目し、民主主義体制下であるにもかかわらず一つの政党が政権を独占的に担い続ける「一党優位政党制」という分類も示しました。

穏健な多党制については、三十年ほど前、日本が小選挙区比例代表並立制を導入する前に細川護熙首相（当時）が衆院本会議で「いわゆる穏健な多党制と呼ばれるようなものにおのずから収れんしていくのではないかと考えている」[6] と答弁し、当時論争になりました。これについて細川首相は、「見通し、可能性について語ったもの」[7] としましたが、当時の選挙制度改革論にサルトーリなどの政党制に関する議論が影響を与えていたことは間違いないでしょう。[8]

▼「政権交代可能な二大政党制」を生まなかった政治改革

もっとも、政治学の議論は、現実の政治で都合よく利用されているだけの場合が多いです。政治家の当落に直結する選挙制度に関する議論では特にそうだといえます。一九九四年におこなわれた衆院選挙制度改革もそうした産物です。

一九八〇年代末以降の政治改革の機運は、本来はリクルート事件などを引き起こした金権政治への反省から生まれたものです。しかし自民党内の権力闘争の過程で「政治改革」が錦の御旗になり、その内容も政治資金の健全化から選挙制度の改革へとねじ曲げられていきました。

衆院選挙制度改革が必要な理由として、当時の衆院の選挙制度だった中選挙区制では同一政党の候補同士が激しく争うことになるという「問題」が挙げられていました。小選挙区では当選者が一人なのに対して、当時の衆院選挙制度だった中選挙区では当選者がおおむね三人から五人になっていました。そのため、政権獲得を目指す政党は複数の候補者を出馬させる必要がありました。しかし同一政党の候補者が複数人出馬すると、候補者たちは互いに差別化を図ろうとします。その結果、「候補者本位の選挙」になり、「政策本位の選挙」にならず、ときに金権腐敗を呼ぶと論じられたのです。

このような「問題」を解消して「政権交代可能な二大政党制」を実現するものとして、小選挙区制を基本とする選挙制度の導入を叫ぶ一派が自民党内で勢力を伸ばしました。そして、さまざまな政局と妥協を経て、結果的に現在の衆院選挙制度である小選挙区比例代表並立制（以下、並立制）が導入されることになったのです。

政党本位、政策本位の選挙になっているのかは、改革以前から変わらない、候補者の顔と名前だけが並ぶ選挙ポスターや個人的・地域主義的で曖昧な主張が目立つ候補者の選挙公報などを見れば、選挙制度改革が有名無実だったことは明らかでしょう。現在でも日本の有力政党から出馬する候補の選挙は政党に依存するところが少なく、候補者個人の知名度や資金、組織、あるいは地方議員に頼っておこなわれています。

それでは、政党制はどうでしょうか。表1は衆院選での自民党と非自民第一党の議席率を示しています。並立制が導入された一九九六年の第四十一回衆院選以降、本章執筆時点までに計九回衆院選がおこなわれていますが、うち八回は自民党が勝利して政権を獲得しています。二〇〇九年に政権を奪取した民主党は離合集散を経て消滅しました。政権交代は起きたものの、非自民第一党の議席率は基本的に低く、政党制としては二大政党制が定着したとはとてもいえません。

この選挙結果をもとに現在の状況をいずれかの政党制に分類すると、一党優位政党制と判断する人が多いでしょう。政治改革、選挙制度改革を経て実現したのが、政権交代可能な二大政党制でも、政権交代を前提にした穏健な多党制でもなく、改革前と変わらない自民党の一党優位政党制だとすれば、なかなか皮肉なことかもしれません。

▼政党政治を複雑にした小選挙区と比例区の並立

「政権交代可能な二大政党制」を目指して小選挙区制を導入したにもかかわらず、導入前と同じような自民党一党優位の政党制が続いているようにみえるのはなぜでしょうか。その一つの要因は、導入されたのが一般的な小選挙区制ではなく小選挙区と比例区の選挙が並行しておこなわれる小選挙区比例代表並立制だったことです。

ここでいう一般的な小選挙区制とは、一回だけ投票をおこない、その最多得票者だけを当選者とする選挙区だけで構成される制度のことです（以下、単純小選挙区制）。二位以下の候補がどれだけ票を集めていようが議席は勝者だけが得るので、勝者総取りの制度と表現されます。このような制度では最大の支持率をもつ政党の候補が圧倒的に有利です。第一党は得票率よりも議席率がかなり高くなる傾向があり、第一党と第二党の議席率の比はその得票率の比の三乗に比例するという「三乗比の法則」（cube rule）が昔から指摘されています。[9]

表1　自民党・非自民党第一党議席率（衆院選）

衆院選	選挙制度	自民党議席率	非自民第一党	
			政党名	議席率
1958年	中選挙区制	61.5%	日本社会党	35.5%
1960年	中選挙区制	63.4%	日本社会党	31.0%
1963年	中選挙区制	60.6%	日本社会党	30.8%
1967年	中選挙区制	57.0%	日本社会党	28.8%
1969年	中選挙区制	59.3%	日本社会党	18.5%
1972年	中選挙区制	55.2%	日本社会党	24.0%
1976年	中選挙区制	48.7%	日本社会党	24.1%
1979年	中選挙区制	48.5%	日本社会党	20.9%
1980年	中選挙区制	55.6%	日本社会党	20.9%
1983年	中選挙区制	48.9%	日本社会党	21.9%
1986年	中選挙区制	58.6%	日本社会党	16.6%
1990年	中選挙区制	53.7%	日本社会党	26.6%
1993年	中選挙区制	43.6%	日本社会党	13.7%
1996年	並立制	47.8%	新進党	31.2%
2000年	並立制	48.5%	民主党	26.5%
2003年	並立制	49.4%	民主党	36.9%
2005年	並立制	61.7%	民主党	23.5%
2009年	並立制	24.8%	民主党	64.2%
2012年	並立制	61.3%	民主党	11.9%
2014年	並立制	61.1%	民主党	15.4%
2017年	並立制	61.1%	立憲民主党	11.8%
2021年	並立制	55.7%	立憲民主党	20.6%

大政党が有利な単純小選挙区制のもとでは、投票者は、当選可能性がより高い上位二候補に投票する傾向があります。その結果、大敗した候補やこうした傾向を見越した候補はその選挙区の競争から退出していきがちです。また、小さな政党がより大きな党派に集約されることもあります。こうして各選挙区の候補が二

人に絞られる傾向が生まれます。これが全国レベルの二大政党の競争になるかは議論があり、デュベルジェが主張した法則に当てはまらない例はいくつもあります。しかし、実際に競争人数が絞られていく傾向は確認されています。[10]

これに対して比例代表制では、制度や国によって細かい違いはありますが、基本的に多党制が維持されます。得票率を比例的に議席率に変換する点は変わらないため、並立制の比例区の部分でも同様に多数の政党が議席を獲得することになります。

このように政党制に対してそれぞれ異なる影響を与える小選挙区と比例区が、並立制では同時におこなわれます。その結果、並立制の小選挙区の部分では、候補の絞り込みの作用が弱まることになります。なぜなら、比例区で存続する二大政党以外の政党のいくつかは、比例区での議席獲得に甘んじずに小選挙区でも候補を擁立しつづけるからです。この点は並立制が実施される前から指摘されていました。[11] 二つの異なる選挙制度が互いに影響しあうので、政治家や有権者は一つの独立した選挙制度の場合とは異なる行動をします。このように各制度がもつ本来の効果が抑えられることを「汚染効果」(contamination effect) といいます。[12]

汚染効果は、日本の並立制では「連動効果」と呼ばれる現象と関連して論じられています。小選挙区に候補を出馬させた政党は、その地域での比例区の得票を伸ばすという議論です。[13] ただし、この効果が本当に生じているか疑わしいという議論もあります。[14] しかし、そうした効果が仮になかったとしても、現実の選挙では比例区の集票が中小政党の小選挙区での候補擁立の目的の一つになっています。日本の並立制の小選挙区では、比例区の存在によって第三勢力以下の候補退出が進まないという汚染効果が生じていることは確かだといえます。

3　小選挙区比例代表並立制が促す終わらない政界再編

▼小選挙区が作った「自民圧勝」

以上のように並立制は、単純小選挙区制とは異なり候補者を絞り込む効果が弱いといえます。つまり、二党制になりにくい制度です。しかし、それだけではなぜ自民党一党優位になるのか説明がつきません。もう少し、データをみてみましょう。

図1は、衆院選での自民党の議席率を選挙制度別に示したものです。[15] これをみると、並立制の小選挙区で自民党は、二〇〇九年を除き過半数を超える議席を得ていることがわかります。これは中選挙区時代を大きく上回る議席率です。一方、比例区では最高でも四〇％を超えるくらいです。並立制での自民党一党優位という印象は、かなりの部分、小選挙区によって作られたものだとわかります。

この自民党の並立制小選挙区での圧勝は、大政党、特に第一党が有利になるという小選挙区がもつ作用（三乗比の法則）によって生じたと考えられます。図2は、三つの選挙制度別に自民党の得票率と議席率の関係をまとめたものです。これをみると、中選挙区や比例区では得票率と議席率は比例的に分布していることがわかります。中選挙区でも比例区でも自民党は得票率を上回る議席率になっていますが、得票率から大きく乖離した議席率とはなっていません。一方、小選挙区では、一つの例外（政権交代が起きた二〇〇九年）を除き自民党は得票率を大きく超える議席率になっています。

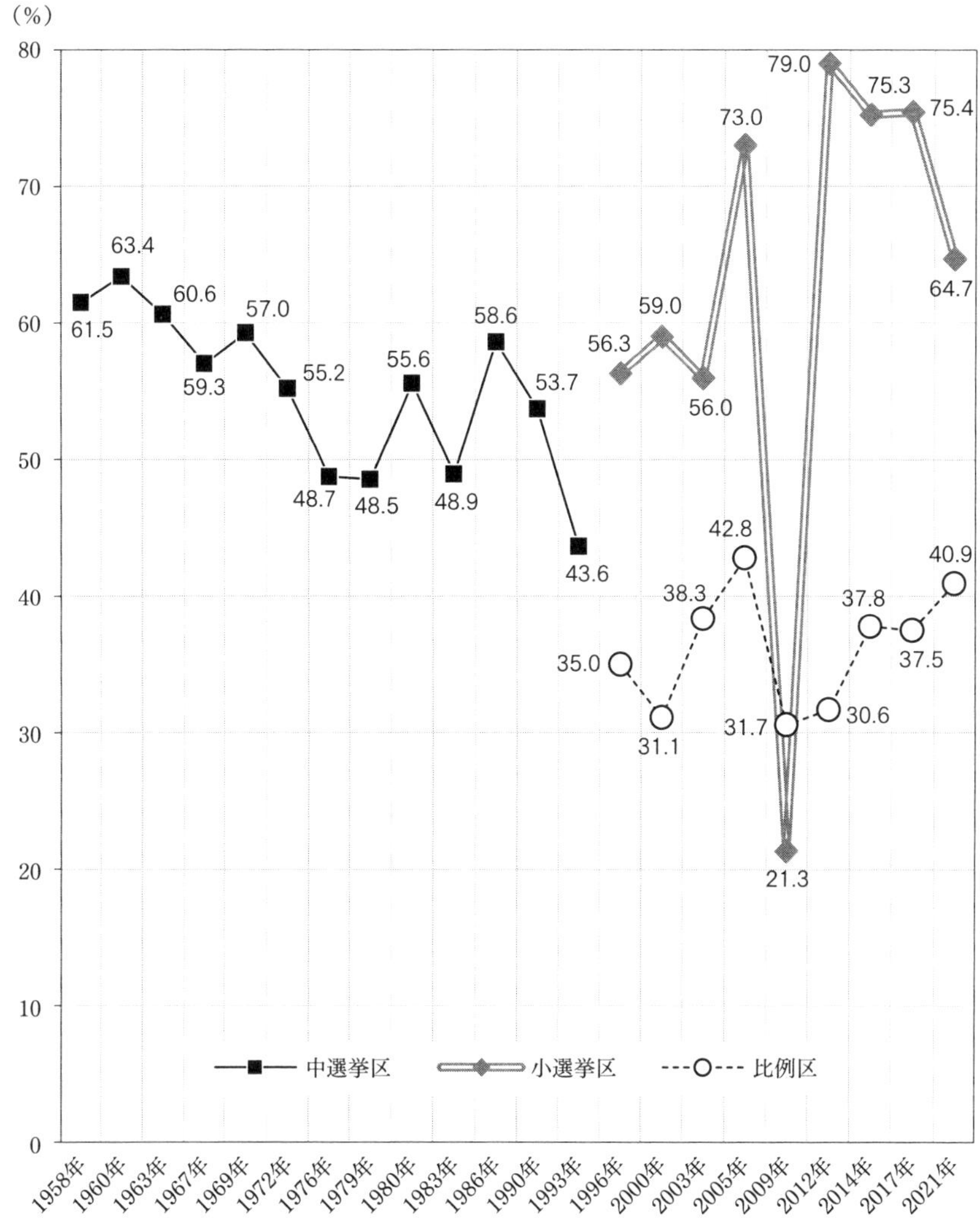

図1　自民党議席率の推移（衆院選挙制度別）

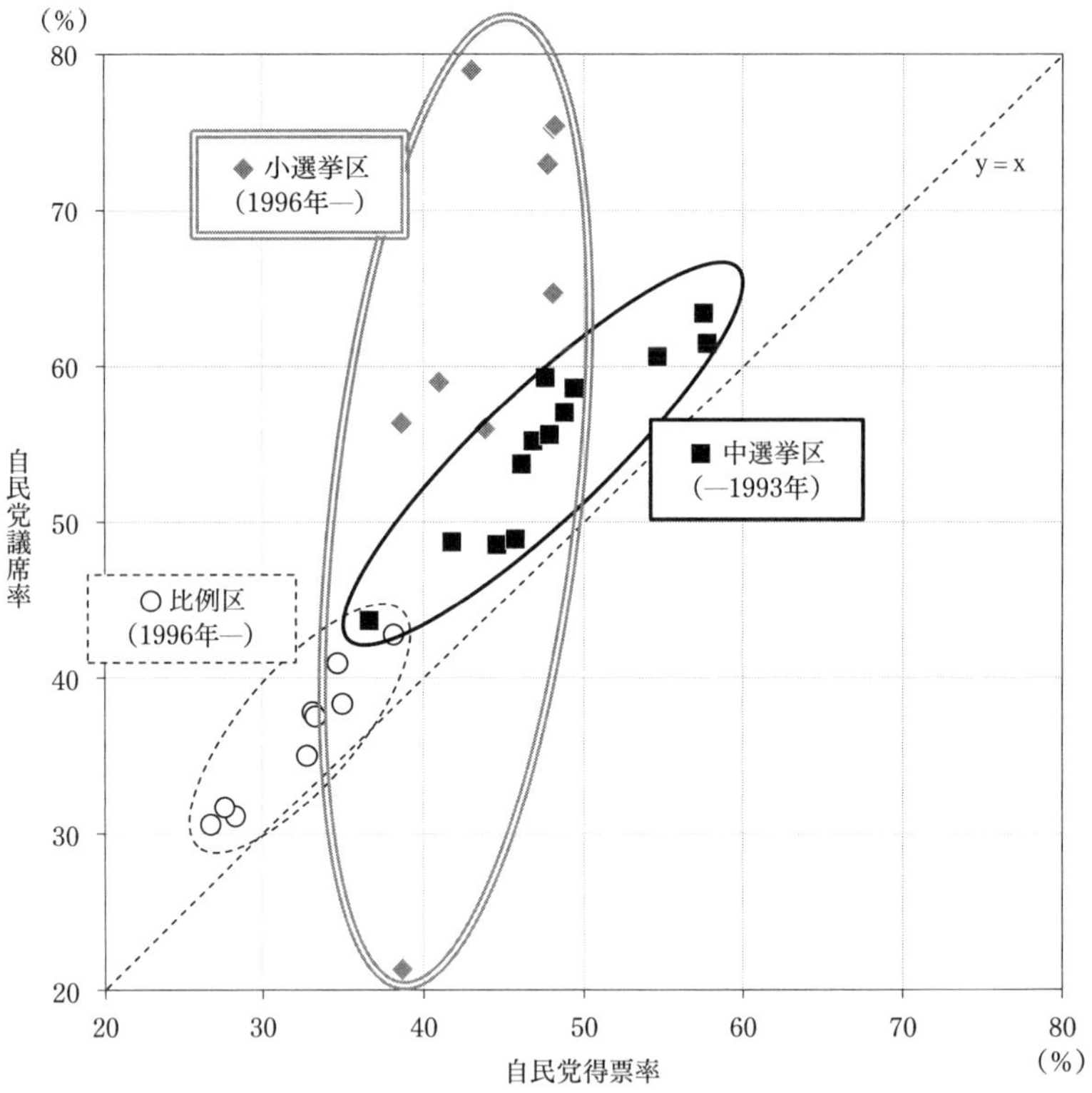

図2　自民党得票率と議席率（衆院選挙制度別）

このように得票率を大きく超えた議席率になるのは、先に説明した小選挙区の作用による部分も大きいと考えられます。ただし、三乗「比」という表現が示すほどには、小選挙区では得票率と議席率は比例的ではありません。これは、得票率の変動以外の要因が自民党の小選挙区の結果を作っていることを示します。

図3は、自民党の比例区の得票率と小選挙区の議席率の関係を示したものです。比例区の得票率は、基本的にそのときの政党の支持率を直接反映します。したがって、並立制の小選挙区が各政党の支持率を素直に反映

していれば、このグラフには左下から右上にかけて、各選挙の印が相関を示すように並ぶはずです。

しかし、このグラフをみると、自民党の比例区得票率と小選挙区の議席率はあまり相関していないようにみえます。そもそも縦長のグラフになっているので、両者が一対一の関係になっていないことは明らかです。二〇〇九年の政権交代選挙のデータを除けば、自民党の比例区得票率と小選挙区議席率の相関係数はマイナス〇・〇六となり、両者はほとんど関係していないといえます。

この図で特に特徴的なのは、二〇〇九年から一二年にかけてです。一二年は安倍自民党が圧勝し、アベノミクスが支持された、安倍総裁が人気だなどといわれた選挙ですが、自民党の比例区の得票率二七・六％は、自民党が大敗して下野した〇九年の二六・七％とほぼ同じ水準でした。それにもかかわらず、小選挙区で自民党が圧勝したのがこの選挙の本当の特徴なのです。

これに限らず、自民党が圧勝を続けた第二次安倍政権下での比例区得票率は実はさほど高くありません。

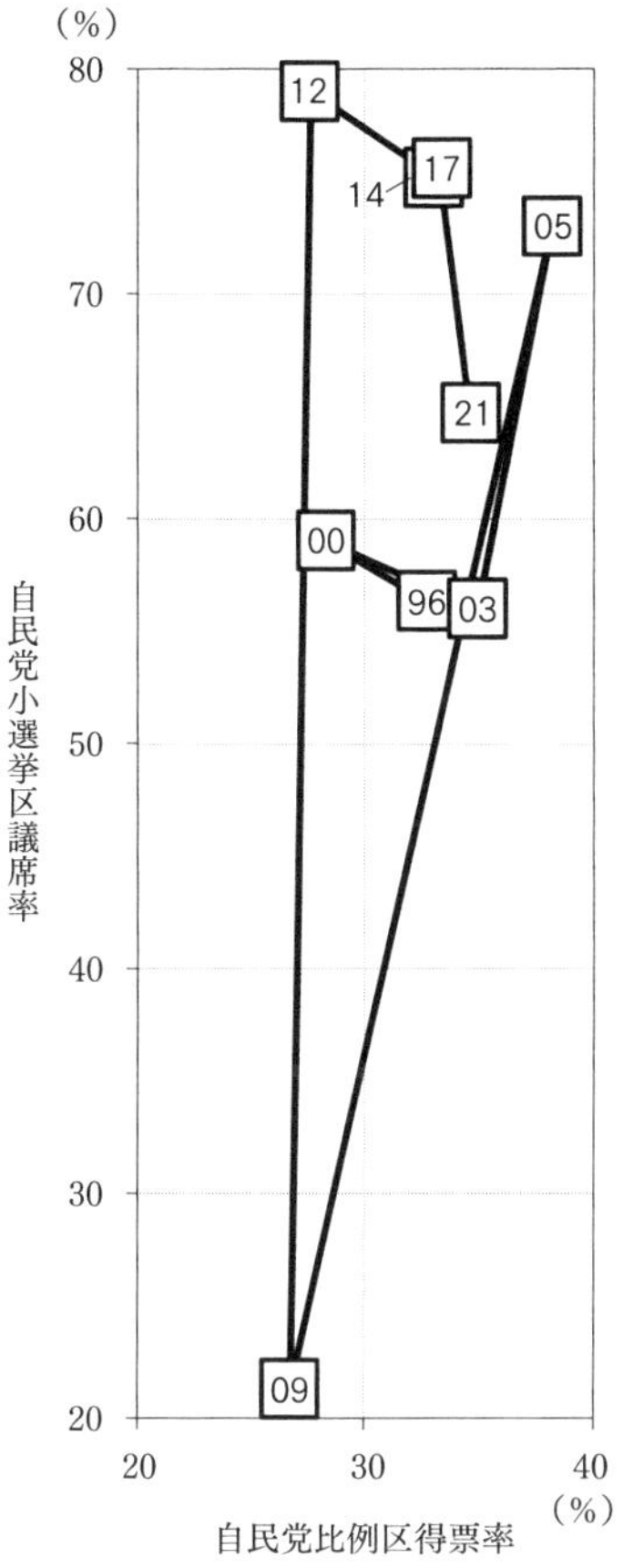

図3　自民党比例区得票率と小選挙区議席率

小泉純一郎政権下の二〇〇三年や〇五年だけでなく、岸田政権の二一年の数字よりも低いものでした。総じて、比例区得票率に示される自民党自体への支持の変動とは無関係に、自民党の小選挙区の結果は変動しているのです。

そもそも、比例区で三〇%台の得票率は、一党優位政党制の第一党としても、二大政党制の与党としてもかなり低い数字です。比例区でこの程度の数字しか取れない政党が小選挙区では八〇%に迫る「圧勝」となるのは選挙制度の歪みが疑われます。

しかし、こうした選挙結果のいびつさは、選挙制度だけが原因ではありません。より強く影響するのは、各党の戦略の巧拙です。つまり、自民党のような低支持率政党が選挙で優位になり、安定多数で政権を担うことができるのは、並立制の特徴によく適合した戦略を採用できているためです。一方、非自民各党は、並立制の特徴に背いた戦い方をしているために小選挙区で自民党に勝てないのです。

▼非自民大政党化路線の成功と失敗の歴史

並立制は小選挙区と比例区が組み合わさっていますが、どの勢力が政権を担うかは小選挙区の結果によって大きく左右されます。小選挙区は割り当てられた議席数が多いだけでなく、比例区に比べて議席数の変動がとても大きいためです。

前述のように小選挙区は各選挙区一位の候補が議席を独占する仕組みのため、候補が出馬するとはいっても第三党以下の勢力の議席獲得のチャンスはかなり小さくなります。特定地域の利益を代弁する地域政党はその地域では有利になりますが、逆にその地域以外への広がりが限定的になります。

小選挙区のこのような特徴を踏まえれば、勢力比で第二党以内を目指して各党が合流することが第一党に対する戦略の解の一つになります。大政党となって三乗比の法則に乗ることを目指すわけです。そしてこれは、一九九〇年代以降の日本の非自民勢力が目指した方向です。

表2に示すように、より大きな政党になることを目指して新しい政党を結成したり、すでにある大政党が他党を吸収したりすることが、現代の日本政治では頻繁に起きています。自民党が他党を吸収する場合は小党の議員を招き入れる救済合併のような形態が多い一方、非自民勢力はより大きな勢力になることを目的にして合併する場合が多いことがわかります。

非自民勢力の大政党への糾合の歴史を簡単に振り返ってみましょう。まず、選挙制度改革がおこなわれた一九九四年に自民党に対抗する政党として新進党が生まれ、九五年の第十七回参院選比例区では自民党よりも多数の議席を獲得します。しかし、九六年衆院選での伸び悩みのあと、九七年末には瓦解します。一方、九六年衆院選前に社会党と新党さきがけの議員によって結成された民主党は、新進党の残骸勢力を吸収し、さらに両院選挙で勢力を伸ばしていくなどして自民党に代わる政党として認知されるようになります。結果、二〇〇九年の第四十五回衆院選で実際に政権交代を実現させることに成功しました。

しかし、二〇一〇年の第二十二回参院選で参院過半数を失ったあとに民主党は分裂含みとなり、一二年の第四十六回衆院選を挟んで分裂や他党との合流、民進党への改名などを経験することになりました。一七年の第四十八回衆院選の際には党首自ら党を割るようにして希望の党に合流しましたが、これに反対する勢力が分離して立憲民主党を結成します。そしてこの立憲民主党が同衆院選で勢力を伸ばし、野党第一党の座を継ぐことになります。同党は大政党化を目指して希望の党の後継勢力を吸収し、さらに他野党の吸収や連携

表2　大政党化に関する主な動き（1994年―）

年月	出来事
1994年12月	新生党、日本新党、公明党、民社党などが新進党を結成
1996年9月	社民党、新党さきがけの離党議員が民主党を結成
1998年4月	民政党、新党友愛などが民主党に合流
2003年9月	自由党が民主党に合流
2003年11月	保守新党が自由民主党に合流
2012年9月	民主党、みんなの党の離党議員が大阪維新の会とともに日本維新の会を結成
2012年12月	太陽の党が日本維新の会に合流
2014年9月	結いの党が日本維新の会に合流し維新の党に改称
2016年3月	維新の党が民主党に合流し民進党に改称
2018年5月	希望の党の議員が民進党に合流し国民民主党に改称
2018年10月	自民党に日本のこころが合流
2020年9月	国民民主党などの議員が立憲民主党に合流
2020年12月	社民党の議員が立憲民主党に合流

自民党、新進党、民主党とその後継政党、日本維新の会とその後継政党について、下記出典と報道をもとに結成や他党との合流を整理した。それぞれの結成や合流には独自の経緯やさまざまな形式があるが、ここでは単純化して記述した。言及した政党のすべての議員が結成や合流に参加したことを示すわけではない点は注意されたい。
（出典：菅原琢「政治 再生産される混迷と影響力を増す有権者」、小熊英二編著『平成史［完全版］』所収、河出書房新社、2019年）

を目指しますが、各党間の足の引っ張り合いに悩まされているのが現状です。

こうしてみると、大政党化路線は一時的な成功は収めたとしても、長続きしていないことがわかります。そのときどきで選挙に向けて求心力を高めてもすぐに遠心力がはたらき、その政党の議員団が烏合の衆であると露呈します。

もっとも、政治家の主導権争いや確執は政治そのものの作用で、これ自体を防ぐことは難しいです。同様の争いは自民党にもあります。したがって、非自民が結集した大政党に求心力がないのはなぜか、大政党が簡単に分裂・崩壊するのはなぜか、考える必要があります。[16]そしてここにも選挙制度の影響が強く表れます。小選挙区制に比べて並立制は、大政党の求心力が弱くなると考えられるのです。

求心力を保ちにくい並立制の大政党

並立制では比例区があるため中小政党が存続します。これは単純な小選挙区制と決定的に異なる点です。たとえ小選挙区で勝利する見込みがなくとも、独自の主張を掲げたい集団は大政党に合流しにくいといえます。つまり、各政治家や政治勢力にとって大政党にまとまる必要性は低いわけです。

このことは、大政党の勢力の維持を困難にします。例えば党内の主導権争いで劣勢になった有力議員が、仲間を引き連れて「新党」を結成することが容易になります。その政党の支持率が低下していれば、別の党名なら当選できると期待して「新党」に脱出する議員も出てきます。表3に整理したように、特に選挙前後にはこうした動きが起きやすくなります。

当然ながら、実際に比例区で議席を得るには有権者からの広範な支持が必要です。みんなの党、立憲民主党などの成功例はありますが、新社会党（一九九六年）、保守党（二〇〇〇年）、日本未来の党（二〇一二年）、次世代の党（二〇一四年）など、既成政党から分裂した「新党」の多くは比例区で大敗しています。ただそれでも、政治的にも選挙的にももとの大政党にまとまっている意義が小さいと判断すれば、「新党」に賭けることができます。中小政党が存続しやすい並立制だからこその動きです。

また、前述のように日本では候補者中心の選挙が続いています。衆院選挙制度改革はこの改革を目指したものでしたが、結果的に政党中心の選挙を促す制度にはなっておらず、小選挙区になっても有力政党の候補は候補者個人の資金や組織を頼って選挙運動をおこなっています。政党にあまり依存せず選挙を戦うので、

表3　国政選挙前後に既成政党から離脱して生まれた主な「新党」（1996年―）

選挙		既成政党を離党した議員が結成した新党（主な離脱元）
1996年衆院選	選挙前	新社会党（社民党）、民主党（社民党、新党さきがけ）
	選挙後	太陽党（新進党）
2000年衆院選	選挙前	保守党（自由党）
2005年衆院選	選挙前	国民新党、新党日本（ともに自民党）
2009年衆院選	選挙前	みんなの党（自民党）
2010年参院選	選挙前	新党改革、たちあがれ日本（ともに自民党）
2012年衆院選	選挙前	日本未来の党（民主党）、日本維新の会（民主党、みんなの党）
	選挙後	日本未来の党（日本未来の党）
2013年参院選	選挙後	結いの党（みんなの党）
2014年衆院選	選挙前	次世代の党（日本維新の会）
2017年衆院選	選挙前	希望の党、立憲民主党（ともに民進党）
2019年参院選	選挙前	れいわ新選組（自由党）

下記出典と報道をもとに国政に存在していた政党から離党した議員が新党を結成した例を整理した。2012年衆院選後に分裂した日本未来の党は、多数派が生活の党と改称して党を継承したため、党名を存続させた側を新党としてここに示している。
（出典：前掲「政治 再生産される混迷と影響力を増す有権者」）

議員は政党の旗色が悪い（支持が低下している）と判断すると政党を蹴って出ていきやすくなります。

大政党化を目指して議員数だけ膨れあがった政党は、内部に異なる出自の議員集団を抱えているため求心力が乏しく、支持率の低下などを理由として幹部の責任を追及する動きが起きやすくなります。二大政党制が確立した小選挙区制だったなら、議員は次の選挙でその党の公認を外されることを恐れて、党方針に反する行動を抑制します。このように、党が選挙のための組織と資金、票を握っていることが、政党の規律と求心力を生むのです。

しかし、議員の数が多いだけの日本の「大政党」は、議員や候補をつなぎとめるだけの選挙運動組織や資金をもたず、さらに支持者の数も多くありません。比例区で多様な政党が選択肢として存続し、互いに批判しあっている状況では、大きいばかりで主張が曖昧な政党に有権者の支持が集まるはずはありません。小選挙区なら大政党が勝つという幻想に導かれた非自民の大政党化の動きは、一時的には世論の期待を集めて「支持率」を上げるかもしれません。だからといって、将来にわたって継続的な投票を促すだけの中身がその「大政党」にあるとはかぎらないのです。

4 並立制の解は政党間の協力

▼バラバラに戦う野党が勝てないのは必然

並立制は、大政党ほど多くの議席を得やすい小選挙区と、中小政党でも存続できる比例区が同時に実施されるため、政治家に対して、大政党を目指すよう促す性質と独自の新党結成を促す性質が同時にあるといえます。この相反する性質は表裏一体でもあります。分裂して新党が生まれ続けるからこそ大政党化の動きも続くわけです。そうしてできた選挙目的の寄せ集め大政党は、議員数を確保できる高い支持率を維持しにくく求心力を欠くため、また新党が生まれることになります。

ただこの議論は、非自民に限らず自民党も同様のはずです。実際、自民党の比例区得票率が低いことは先に示したとおりです。自民党の支持率が低下したときに一部議員が離党して新党を結成することがあるのも、非自民と変わりありません。

それでもなお自民党が強いように感じられ、与党として存続できているのは、公明党と強い協力関係にあるからです。そしてこのような政党間の協力こそが、並立制の選挙に適した戦略なのです。比例区で中小政党が存続する並立制では、小選挙区を無理に大政党で戦わなくとも、政党同士が協力するという戦略も有効なのです。

なお、政党同士が協力することは、連立政権が基本になっている多党制の国では当たり前のことです。並立制でおこなわれる日本の選挙でポイントになるのは協力のタイミングです。比例代表制で選挙がおこなわれていれば、選挙では各党が独自に戦い、選挙終了後に選挙の結果得た勢力と各党間の政策の近さに応じて連立を交渉することになります。しかし日本では、政党同士の協力が小選挙区で勝つために必要なので、選挙前に交渉する必要があります。この点が、比例代表制を由来とする多党制の政治と、並立制の日本の政党政治との重要な違いです。有権者の投票行動によって作られる選挙結果が連立政権の組み合わせを決めるのではなく、選挙前に政治家の交渉で連立の組み合わせが決まり、そしてこの組み合わせが選挙結果も決めてしまう部分が大きいのです。

並立制のこの特徴の良し悪しについて本章で論じることはしません。ここで指摘したいのは、長年続く自民・公明の選挙協力関係が、並立制の選挙を戦ううえで模範解答のようになっているということです。

表4は、並立制の小選挙区で政党同士が協力する場合に有効と考えられる四つの項目について、自公の協力関係と二〇二一年の野党共闘とを比較したものです。〇〇年の第四十二回衆院選以来の自公の選挙協力が小選挙区での勝利を目標にかなり洗練されている一方で、野党共闘の協力関係は不十分だったことがよくわかると思います。

ただそれでも、二〇二一年の野党共闘はそれまでの戦い方よりはマシな選挙結果を残しました。先の図3

表4　自公協力と野党共闘（2021年）の比較

並立制の小選挙区での政党間協力に有効な方針と戦術	自民党と公明党の協力関係	2021年野党共闘の協力関係
①選挙区調整の徹底	各選挙区には、自民党、公明党の一方の党の公認候補しか出馬しない。	多くの選挙区で野党候補を統一できなかった。
②勝利優先主義	公明党は全選挙区のごくわずかな勝つ見込みのある選挙区にのみ候補を擁立する。	選挙区で勝つ見込みのない政党の候補が数多くの選挙区で統一候補となった。
③相互の集票への協力	両党は自党候補の出馬していない選挙区において相手の政党の候補を積極的に支援する。	政党間の支援は片務的で、多くの場合、共産党は野党統一候補を支援したが、立憲民主党や国民民主党やその支援団体は他党候補を積極的に支援しない例が多かった。
④比例区票とのバーター	自民党の支持団体や議員の後援会の一部は、比例区の公明党の集票活動に積極的に協力する。	共闘各党が他党の比例区の集票活動を担うことはほとんどなかった。

（出典：菅原琢「小選挙区比例代表並立制における野党共闘──2021年衆院選分析」、「生活経済政策」編集委員会編「生活経済政策」2022年1月号、生活経済政策研究所）

の二一年衆院選では、自民党の比例区得票率が伸びたにもかかわらず自民党の小選挙区議席率が下落していましたが、これは野党共闘が部分的に成功したことの表れです。逆に、自民党の比例区得票率がそれほど高くなかった第二次安倍政権下の衆院選で自民党が圧勝しつづけられたのは、非自民各党が並立制に適した戦略を放棄し、バラバラに戦っていたためです。図3で自民党の比例区得票率と小選挙区議席率が相関していなかったのは、こうした非自民側の協力の程度、戦略の巧拙が表れていたためです。

▼自公協力を強固にする相互依存関係

こうした自公協力の徹底ぶりは、一度その協力関係がほころべば両党の連立政権の継続が危うくなることも意味します。

図4は、二〇二一年衆院選について、公明党の票が自民党候補から離れた場合に自民党候補がど

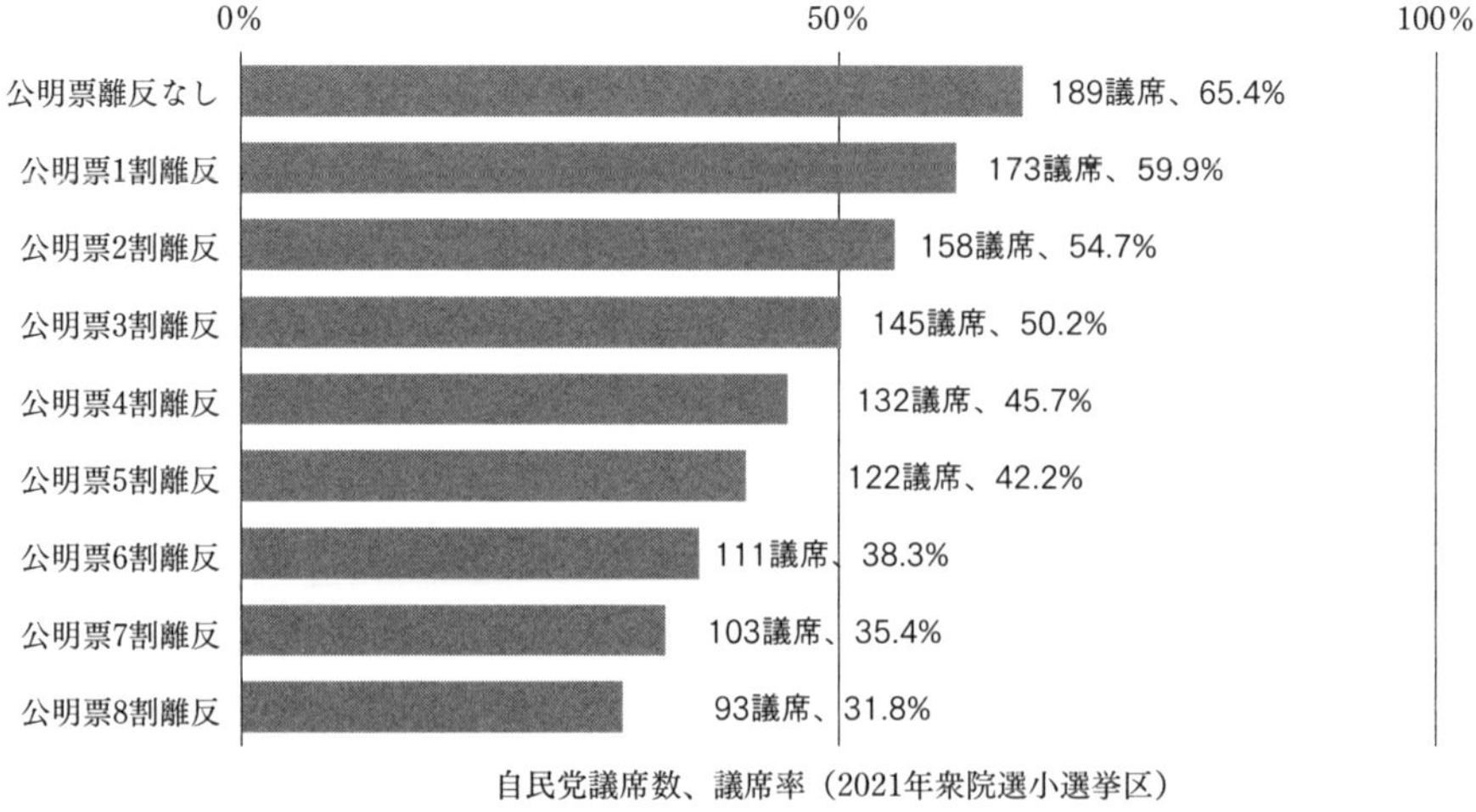

図4　公明票が離反した場合の自民党の選挙結果シミュレーション（2021年衆院選）
このグラフは、2021年衆院選の小選挙区で勝利した自民党候補について、その選挙区で公明党が獲得した比例区の得票のうち左列に示した割合が自民党候補から離れて第2位候補に投票した場合に、どれだけの候補が当選するのかを示している。
（出典：菅原琢「不完全な野党共闘がもたらした競争的な選挙――衆院選の分析と参院選の展望」「月刊公明」2022年4月号、公明党機関紙委員会）

れくらい当選するかをシミュレートしたものです。[17]この図からは、公明票のわずか三〇%程度が離反するだけで自民党の小選挙区の議席率が五〇%にまで減ってしまうことがわかります。仮に公明党が自民党から離れ、支持母体の創価学会が非自民候補に肩入れしたとすると、自民党は小選挙区で圧勝するどころか、惨敗することは明らかです。政権与党の座を維持したい自民党にとって、公明党と良好な関係を保つことが非常に重要なのです。

そして、自公関係が良好であるかぎり、政権だけでなく自民党自体も安定します。いうまでもなく、自民党から出馬する候補にとってこの公明党・創価学会の票の存在は非常に大きく、当選に不可欠です。このため、自民党や内閣の支持率が多少下がったとしても、多くの議員は離党して他党から出馬するという選択に踏み切れません。離党は創価学会票を失うことを意味するからです。このようにみれば、公明党との協力やその票が自民党の安定装置になっているといえます。

このように自民党には大きなメリットがある自公協力

ですが、公明党の側にも与党に加わるだけでないメリットがあります。比較が容易な比例区の得票数をみてみましょう。公明党は一九八九年の第十五回参院選で六百十万票、九二年の第十六回参院選で六百四十一万票を獲得していましたが、新進党に議員が合流していた時期以降、自公連立、特に小泉政権下で得票を伸ばし、二〇〇五年の第四十四回衆院選では八百九十九万票とこれまでの最高得票数を記録しました。

この間、公明党の支持母体である創価学会が会員数を飛躍的に増やしたとは考えられないため、ここで票が増えたのは学会外からの票が増えたためです。主に自民党を支えてきた地方の保守政界の協力によって投じられた票と考えられます。

図5は、全国の自治体を都市的かどうかに応じて有権者数が同程度の十のグループに分け、一九九二年から二〇〇七年にかけての公明党の得票率をみたものです。なお、ここでは投票率の影響を避け、有権者のなかでの公明党の集票割合をみるために、公明党の得票数を有権者数で割った絶対得票率を用いています。

これをみると、一九九二年の参院選で公明党は、最都心部である十の地域を除いて、都市度九の地域を頂点とした都市的な地域での得票率が高かったことがわかります。このように公明党が都市部で強かったのは、かつて創価学会が農村から都会へと移住した人々を対象に勢力を広げたためです。

ところが一九九八年になると、より農村的な地域で絶対得票率を大きく伸ばしています。この傾向は小泉政権下で強くなり、二〇〇三年と〇五年の衆院選では都市度一の最も農村的な地域で最も絶対得票率が高くなっています。図には含めませんでしたが、近年はこの傾向がより一層深まっています。

公明党の票に占める農村の比重が年々高まっています。このような得票構造の変化は、自民党を支持してきた地方の保守政界とその周辺の票の一部が公明党に回った結果です。ただし、これを単純に自民党が公明

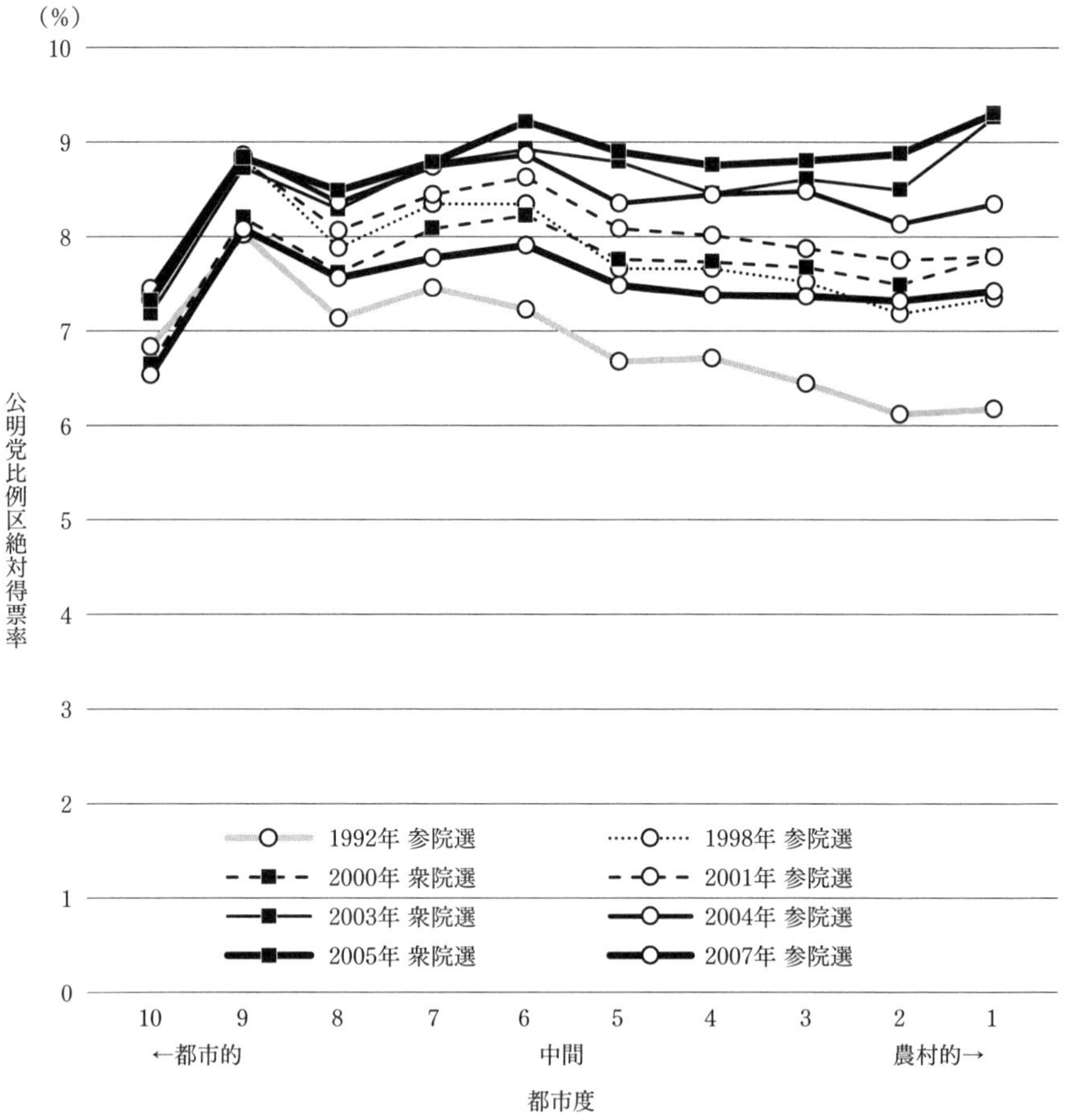

図5　都市度別公明党比例区絶対得票率（1992―2007年）
10段階の都市度グループは次のように作成している。まず、自治体（政令指定都市の区を含む）を1992年から2007年の間で比較可能な単位に再編する。1990年国勢調査をもとに、各自治体別の農林水産業と建設業の就業者数の全就業者数に占める割合を求める。この値が低いほうから各自治体を並べて92年参院選での各自治体の有権者数を集計していき、10%に最も近くなったところまでを都市度10とする。以降同様の操作を繰り返し、各自治体を有権者割合ほぼ10%の集合となるように都市度10から1に分類した。

党に票を横流ししたようなイメージでとらえることは正しくありません。自公連立前の一九九八年から公明党の農村での勢力拡大が始まっていることからもそれは明らかです。詳細は省きますが、公明党は新進党の結党と解党など一連の政界再編の動きを通じ、選挙区で協力する見返りとして比例区での集票に協力してもらうことで、各地の保守系の国会議員やその周辺との関係を深めていきました。それらの議員が自民党に合流したり、保守系同士の対決になった選挙区で新たに協力関係を深めたりと、農村部を中心とした保守の支持基盤に食い込むきっかけをつかんで比例票を増やしています。

このように、自民党と公明党は互いが互いの生存や存続を保障しあう相互依存関係になっています。簡単に手を切ることはできず、関係を維持するために両者とも犠牲を払っていますが、だからこそ並立制で強いのです。

5 自民党一党優位は絶対ではない

ここまでの議論で示したように、自民党と公明党は衆院並立制に適した協力関係を結び、そうでない非自民各党に対して優位に立って戦っています。紙幅の関係から今回はふれませんが、衆院選と似たような制度の参院選でも同様です。[18] 低い投票率、非自民の分立とともに、強力な自公関係が自公の優位を支えている状況は、民主党から自民党に政権が戻ったあとも、全く変わっていません。[19]

以上の議論と近年の選挙結果を踏まえると、自民党が敗北することを想像できない人も多いかもしれません。しかし、ここまでみてきたことが示すのはその逆です。自民党は圧倒的な支持率を背景に選挙で圧勝しているのではなく、公明党の協力のもと、非自民各党に比べて効率的に戦った結果として勝利しているのです。少なくとも、選挙制度が全面的に自民党の味方になっているわけではありません。

一部の政治学者は、現在の自民党一党優位を二〇一二年体制[20]、あるいはネオ五五年体制[21]と呼びます。この呼び方には、この状況が安定的・固定的であるという意味が含まれています。しかし、中選挙区制に保障されていた自民党一党優位体制とは異なり、現在は選挙制度が自民党政権の継続を直接生んでいるわけではありません。[22]五五年体制とは異なる選挙制度と社会のもとで現代の日本の政党政治は十分に可変的であり、他国では珍しくない十年程度の政権をみてそれを不変の「体制」と見なすことはできないというのが本章の結論です。本章で、現在の日本の政党政治の状況を「自民党一党優位体制」あるいは「自民党一党優位政党制」ではなく一貫して「自民党一党優位」と表現したのはそのためです。

ごく単純には、自公の協力関係がほころべば自民党は選挙で勝てなくなります。近年、公明党の比例区得票数は低下傾向にあります。得票構造から、都市部の創価学会員の高齢化や若年層の選挙運動への熱意の低さなどが主要因と考えられますが、同時に一九九〇年代半ば以降に伸びた農村部の票も減っています。データからは、政界再編のなかで公明党が協力関係を深めた自民党議員が徐々に引退していること、そのために地方での自民党・保守政界の公明党の集票への協力が弱まっていることも疑われます。公明党が選挙区を譲るよう自民党に迫る例も多く、自公の蜜月関係は選挙の面で必ずしも安泰なわけではありません。一方の利益がもう一方の利益より小さいなら協力は成り立ちませんから。何より、公明党は自民党との関係以上に創価学会との関係が重要です。自民党との協力を学会が拒否するようになれば、そちらを優先せざるをえないでしょう。

あるいは、非自民の側が協力し、効率的な選挙を戦うことができれば、やはり自公の優位は揺らぐでしょう。二〇二一年野党共闘の中途半端な協力関係でさえ一定の成果を収めました。もっと徹底的におこなっていれば、結果は多少変わったでしょう。選挙結果が政党の支持率や得票数、つまり有権者の意向を純粋に反映するものではなく、実際には投票よりも前に、政党の協力関係、戦略の適切さなどによって決まっている側面があることを非自民の政治家はもっと理解し、自らのメンツでなく自らの支持者のために行動することが重要になるでしょう。

もっとも、「実力」が足りない、つまり有権者の支持が低い政党同士がいくら協力したところで大きな成果が得られることもありません。二〇二一年選挙で立憲民主党は野党第一党として遇されましたが、実態は旧民進党系議員の寄せ集めで選挙前の改選議席数の大きさほどの支持を有権者から得ていませんでした。結果、比例区の得票率は選挙目的の大政党化によって焼け太りした議席数を救えるほどのものではなく、小選挙区での〝善戦〟を相殺することになったのが実際です[23]。

政党間協力の交渉で優位に立つためにも、また政党間協力に有権者への説得性をもたせるためにも、政党への支持や期待の大きさは重要です。そのためにはいたずらな大政党化を目指して政治家の寄せ集めを企図する前に、支持層を開拓していく必要があります。当たり前のことですが、非自民各党がおこなうべきは各党間の主導権争いや差異の協調、足の引っ張り合いではなく、それぞれの支持層の拡大です。

その意味で、政治に関心が向かず棄権している層を非自民各党が振り向かせることが、少数の票で政権を継続している自民党にとって最大の脅威になります。五〇％を占める棄権層の一部を支持層として取り込み、選挙への期待を高め、結果的に投票率が上がれば、選挙結果は大きく変わるでしょう。

並立制は、比例区で中小政党を政党政治のプレーヤーとして存続させ、小選挙区ではこれらのプレーヤーの実力に加えて戦略の巧拙を強調して日本の政治に影響を及ぼしています。現在の少数の投票結果に依存する自民党一党優位――正確には自公連合の優位は、その意味で一時的なゲームの結果にすぎません。次のゲームで各党の戦略や実力が変われば結果も変わるのです。

結果はプレーヤー次第という状況にもかかわらず選挙結果が変わらないとすれば、それはプレーヤーの問題です。われわれ有権者も含め、選挙参加者が制度を理解してもっと賢く行動することが、日本政治の活性化には必要だといえるでしょう。

注

(1) 総務省選挙部「第四十九回衆議院議員総選挙における年齢別投票状況(抽出調査)」(二〇二一年)による年齢層別の有権者数、投票者数のデータと、二〇二一年衆院選比例区での「朝日新聞」・ANNの出口調査結果である「【グラフ】年代別の比例区投票先」「朝日新聞デジタル」(https://www.asahi.com/articles/photo/AS20211101000414.html)の年齢層別自民党得票率データから計算しました。出口調査の自民党比例区得票率は実際の選挙結果に比べて過大なので、次のように補正を含めて計算しています。まず、総務省データの年齢層別投票者数に出口調査の年齢層別自民党比例区得票率を掛け合わせ、これらを集計することで出口調査ベースの自民党比例区得票率を推計しました(三五・九%)。これに対する実際の自民党比例区得票率(三四・四%)との比を求め(〇・九五九)、これを出口調査の年齢層別自民党比例区得票率に乗じ、この値を総務省の年齢層別投票者数に乗じました。そのうえで、二十歳代以下についてこれを集計して二十歳代以下の自民党投票者数とし、この値の二十歳代以下の有権者数に占める割合を求めました。その逆数が六・九であることから、ここでは七人に一人と表現しています。

(2) Maurice Duverger, *Les Partis Politiques*, Armand Colin, 1951. (Maurice Duverger, *Political Parties: Their Organization and Activity in the Modern State*, Barbara North and Robert North trans, John Wiley & Sons, 1954、モーリス・デュベルジェ『政党社会学――現代政党の組織と活動』岡野加穂留訳、潮出版社、一九七〇年)

(3) この邦文は前掲『政党社会学』による。

(4) デュベルジェは、同時に「単純多数二回投票制および比例代表制は多党主義を促進する」という仮説も立てていました。単純多数二回投票制とは、期間を置いて二回投票をおこない、各選挙区一人の当選者を決定する、フランスで採用されている制度(小選挙区二回投票制)のことです。一般的に小選挙区制と二党制の関係だけが「デュベルジェの法則」と呼ばれ、政治学でもそのように扱うことが多いのですが、比例代表制、さらには小選挙区二回投票制に関する仮説も含めて「デュベルジェの法則」と表現する場合もあります。本章では、小選挙区制と二党制の関係だけについて「法則」と表現することにします。

(5) Giovanni Sartori, *Parties and Party Systems: A Framework for Analysis*, Cambridge University Press, 1976.(ジョヴァンニ・サルトーリ『現代政党学――政党システム論の分析枠組み』岡沢憲芙/川野秀之訳、早稲田大学出版部、一九八〇年)

(6)「官報」号外、第百二十七回国会衆議院会議録第五号、一九九三年

（7）「官報」号外、第百二十八回国会衆議院会議録第三号、一九九三年

（8）実際、細川元首相は近年のインタビューで穏健な多党制を目指していたことを認めています。「政治改革30年「機能している」のか「失敗」か…決断をした細川護熙元総理が語る選挙制度改革の裏側と真意【報道1930】」「TBS NEWS DIG」（https://newsdig.tbs.co.jp/articles/-/720953）［二〇二四年五月三日アクセス］

（9）邦文では次の解説が詳しいです。市村充章「選挙制度の中の数 4」、全国市区選挙管理委員会連合会編「選挙時報」第四十七巻第三号、全国市区選挙管理委員会連合会、一九九八年

（10）スティーブン・リードは、デュベルジェの法則を日本の中選挙区制に当てはめ、これを示しました。小選挙区制と中選挙区制は議員定数が異なるだけで、ともに単記非移譲式投票に分類される制度であるという考え方がこの背景にあります。この傾向を、議員定数をMとしてM＋1法則と呼んでいます。Steven R. Reed, “Structure and Behaviour: Extending Duverger’s Law to the Japanese Case,” *British Journal of Political Science*, 20(3), 1990.

（11）和田淳一郎「小選挙区比例代表並立制に関するゲーム論的一考察」、日本選挙学会編「選挙研究」第十巻、日本選挙学会、一九九五年

（12）Erik S. Herron and Misa Nishikawa, “Contamination Effects and the Number of Parties in Mixed-Superposition Electoral Systems,” *Electoral Studies*, 20(1), Elsevier, 2001.

（13）水崎節文／森裕城「得票データからみた並立制のメカニズム」、日本選挙学会編「選挙研究」第十三巻、日本選挙学会、一九九八年、Steven R. Reed「並立制における小選挙区候補者の比例代表得票率への影響」、日本選挙学会編「選挙研究」第十八巻、日本選挙学会、二〇〇三年

（14）Ko Maeda, “Re-examining the contamination effect of Japan’s mixed electoral system using the treatmenteffects model," *Electoral Studies*, 27(4), Elsevier, 2008.

（15）一九九三年以前の中選挙区制の時期にも奄美群島区という一人区がありましたが、これは中選挙区の集計に含んでいます。

（16）本章では特に選挙関連について政党の分裂や議員の離党を論じています。そのほかの要因や詳細な事例の検討については、次の文献が参考になるでしょう。山本健太郎『政界再編――離合集散の30年から何を学ぶか』（中公新書）、中央公論新社、二〇二一年

（17）筆者による同様のシミュレーションは次の文献に提供したものが初出です。蒲島郁夫「6・25徹底検証 地方の「王国」と都市の反乱」「中央公論」二〇〇〇年九月号、中央公論新社

（18）参院選に関して特徴的なのは、選挙区によって定数が一から六と大きく異なること（小選挙区と中選挙区の混合）がもたらす影響です。参院一人区は人口が少ない農村県、二人区以上の選挙区は都市的な都道府県が占める傾向は、農村で強く都市で弱い自民党支持の傾向と相関します。これによって、自民党が強い地域では小選挙区の勝者総取りの作用で自民党が独占的に議席を獲得することができる一方、自民党が弱い地域では中選挙区の比例的な議席配分の作用によって自民党は他党に議席を独占されずにすむのです。この作用の筆者による最初の指摘は、蒲島郁夫／菅原琢「民意の法則が示す投票行動革命――2004年参院選 自民党自壊・民主党定着の意味」（「中央公論」二〇〇四年九月号、中央公論新社）にあります。より詳細な分析は菅原琢「二〇一三年参院選結果分析 安倍内閣の基盤は磐石になったのか――実力不相応に巨大化した議員団「古い自民党」の台頭が政権の足枷となる」（「Voice」二〇一三年九月号、ＰＨＰ研究所）などを参照してください。

（19）自公優位をもたらしているこの三点については、前掲「二〇一三年参院選結果分析 安倍内閣の基盤は磐石になったのか」などを参照してください。

(20) 中野晃一「総選挙と2012年体制 政治の衰弱と自民勝利の方程式」「現代の理論」二〇二一年秋号、現代の理論・社会フォーラム、白井聡『長期腐敗体制』(角川新書)、KADOKAWA、二〇二二年

(21) 境家史郎『戦後日本政治史——占領期から「ネオ55年体制」まで』(中公新書)、中央公論新社、二〇二三年

(22) 中選挙区制の選挙競争が自民党に有利だった点については、次の文献を参照してください。菅原琢「中選挙区制と自民党政権——55年体制下における単記非移譲式投票の影響の計量分析」東京大学大学院法学政治学研究科博士論文、二〇〇七年

(23) 菅原琢「野党共闘は不発だったのか——二〇二一年衆院選のデータ分析から浮かび上がる日本政治の現状」「世界」二〇二二年一月号、岩波書店

第3章

なぜ野党は勝てないのか？

――感情温度や政党間イメージについて

秦 正樹

1 「野党はふがいない」と言われ続ける理由

ここ十年近くの間の日本政治は、しばしば「一強多弱」あるいは「自民一強」という言葉で表されます。特に第二次安倍晋三政権以降の国政選挙の結果をみると、自民党は無類の強さを誇っています。それに対して、野党は、自民党の議席数に全くといっていいほど及ばない状況が続いています。

こうした十年近くの日本政治の状況を理解するために、大きく分けて三つの背景を理解しておく必要があります。一つ目は、そもそも、野党への支持がきわめて低調だという点です。野党支持の低さは、各種の報道機関が実施する世論調査の結果を長期的にみれば一目瞭然です。具体的に、第二次安倍政権発足後の二〇一三年一月から二三年十二月までの、毎月ＮＨＫが実施する世論調査の政党支持率（与党は自民党＋公明党、野党は自公以外の全政党の支持率の合計値）を示した図1をみてみましょう。第二次安倍政権が始まってから二三年十二月にいたるまで一貫して、あまたある野党の支持率を合計しても与党のおよそ半分程度の支持率しかないことがよくわかります。

二つ目は、野党が非常に分裂的だという点です。二〇二四年七月十八日時点で、与党は自民党と公明党の二つですが、野党は、立憲民主党、日本維新の会、国民民主党、教育無償化を実現する会[1]、社民党、れいわ新選組、共産党、参政党となんと八党も存在します。また、これらの野党は、保守やリベラルなどの政治的な立場や、与党との向き合い方などについて、それぞれ異なる特色があります[2]。

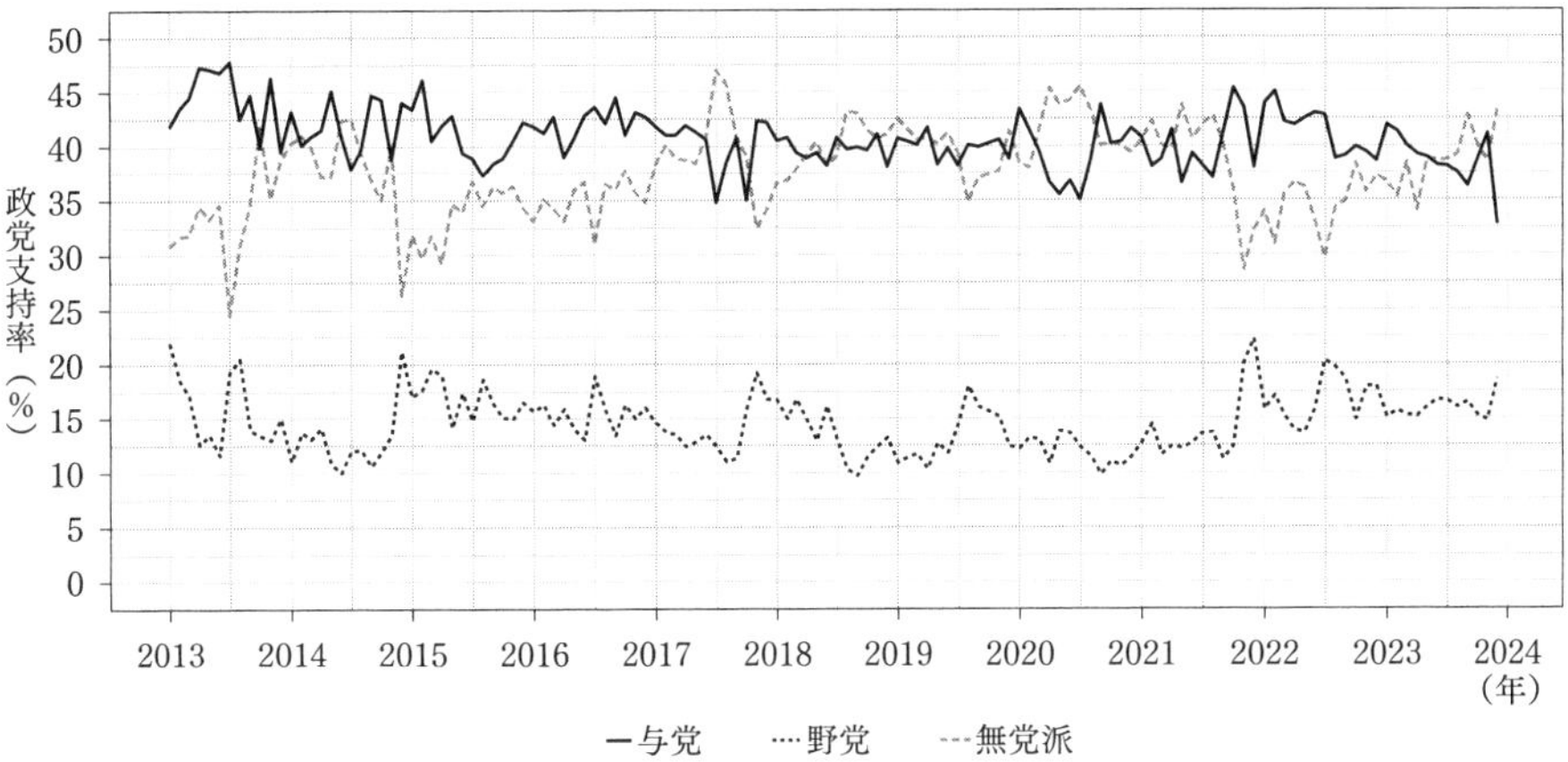

図1　2013年以降の政党支持率の推移
（出典：NHK 世論調査ウェブページをもとに筆者作成）

当然ながら、与党、特に自民党という巨大な勢力に対抗するためには、野党が一致団結しなければいけない場面も数多くあります。ところが、現在のように野党が分裂している状況では、特定の野党が多少、勢力を拡大したとしても、自民党と太刀打ちできる規模にはなれませんし、野党一党単独で自民党に対抗できる範囲には限界があります。

三つ目は、近年、野党内で激しい競争が起きている点です。とりわけ、立憲民主党と、二〇二一年総選挙で躍進した日本維新の会の間では、野党第一党の座をめぐって対立が深まりつつあります。

立憲民主党は、旧民主党の潮流を継ぐリベラル系政党の雄です。民主党は、政権時代に失った有権者からの信頼を取り戻すことができず、その後、民進党への改称を経て、二〇一七年総選挙の直前に、希望の党との合流を模索しました。しかし、希望の党は旧民進党議員の一部を合流させなかったため、行き場を失った政治家が（旧）立憲民主党を作り、事実上の分裂となりました。ところが、一七年総選挙では、事前の予想と異なり、立憲民主党のほうが野党第一党となり、希望の党は野党第二党にとどまりました。希望の党はその後、（旧）国民民主党となりましたが、二〇年には再び両党の多くの議員が合流し、現在の立憲民主党となっています。

一方の日本維新の会は、二〇一二年に石原慎太郎元東京都知事と橋下徹元大阪市長を中心に結党された新しい政党の一つです。日本維新の会も、大阪組と東京組の対立からたびたび離合集散を繰り返してきました。現在の日本維新の会は、一五年に大阪組を中心に分裂したおおさか維新の会がもとになっています。このようにそれぞれ異なるバックグラウンドから誕生した二つの「新しい野党」ですが、最近の世論調査では、立憲民主党と日本維新の会の支持率はほぼ横並びになったり、立憲が上回ったりを繰り返しています。

また、二〇二二年の第二十六回参院選での全国比例票では、日本維新の会の得票が立憲民主党を上回りました。日本維新の会の代表である馬場伸幸は、こうした上昇基調を背景に、立憲民主党を激しく挑発する発言をたびたび繰り返していて、野党内の対立が深まっています。

近年の日本政治では、自民党（与党）の動向にばかり注目が集まりがちですが、以上のように、野党の側でもさまざまな動きがあります。しかしながら、前述したように、野党への支持は一向に回復していません。また、巷間では「野党はふがいない」という言葉をよく耳にします。もちろん、こうした声は決して否定されるものではありませんが、世論が野党をどのようにみているのかを正確に理解するためには、印象論ではなく、データなどのエビデンスに基づいて冷静に検証する必要があります。

そこで本章では、①二〇一九年の第二十五回参院選の前後におこなった調査（N＝四千百二十三）、②二一年の第四十九回衆院選の前後におこなった調査（N＝四千百）、③二二年の第二十六回参院選の前後におこなった調査（N＝六千七百五十一）という異なる選挙の際におこなった三つの世論調査[3]と、④選挙時期と関係がない二三年三月に実施した世論調査[4]（N＝二千四百八十七）の合計四つのデータ[5]を用いて、日本の世論が、現在の「野党」に対してどのような見方をしているのか、またこの数年で野党への見方がどのように変化していくのかについて検証していきます。

2　世論の野党への認識：1——感情温度を用いた分析

▼各政党に対する感情温度

政治学研究では、政治に関係する重要なアクター（首相や党首など）や組織（政党や関係団体）に対する好悪の程度を測定する際に、感情温度（feeling thermometer）と呼ばれる指標がよく利用されます。[6] 感情温度はさまざまな政治的対象に対して、五〇度を基準に、最も好ましいと思えば一〇〇度、逆に最も嫌いであれば〇度として、その好き嫌いの程度を温度に例えて答えてもらう尺度です。この指標を利用することで、複数の政党や政治家への好悪感情を相対的に比較でき、さまざまな政治的な対象に対する世論の認識パターンを客観的に把握することができるのです。

そこで、主要野党（立憲民主党・日本維新の会・共産党）、および比較対象として自民党も取り上げて、各政党への感情温度が二〇一九年から二三年の間にどのように変化したのかを確認してみましょう。[7] 図2は、四つの時期ごとに、各政党の感情温度の平均値をプロットしたものです。まず、一九年の第二十五回参院選の段階では、自民党はかろうじて日本維新の会よりも少し感情温度が高いのですが、二一年衆院選の時点では、日本維新の会は、自民党よりも約三度感情温度が高くなっていることがわかります。対して立憲民主党は、自民党や日本維新の会に比べて約八度から一〇度低く、相対的にみて、あまり人気がない政党といえま

図2　2019年から23年の主要政党の感情温度の変化
*1 エラーバーは95％信頼区間を示す。
*2 実線は50度のラインを意味している。

す。

続いて、時系列的にみてみましょう。まず日本維新の会の感情温度の変化をみると、四七・二〇度→五〇・三九度→五一・五九度→四七・四三度となっています。二〇一九年から二二年までの間に感情温度は四度近く上昇していますが、その翌年には、四度近く低下しています。それに対して、立憲民主党は、一九年から二三年にかけて、四〇・二〇度→三九・六九度→三八・五六度→三七・九五度と、四年近くの間、一貫して低下しつづけています。ただし、二二年から二三年の下落幅は、日本維新の会や自民党ほどではないようです。通常、選挙期間中は多くの人が政治的な情報に接触する機会が増加するため[8]、平時に比べて、政党や政治家への感情温度が高くなりがちです。二三年の調査で多くの政党の感情温度が低下しているのはこうした背景も関係していると考えられます。

選挙結果や図1をみても、自民党は相対的に野党よりも好感を得ています。ただし、近年の世論で最も好まれている政党は、自民党ではなく日本維新の会だという点に驚かれる人も多いでしょう。こうした結果は、日本維新の会は有権者から好感をもたれているものの、それが「支持」には結び付いていないという「壁」があることを示唆しています（逆にいえば、自民党の支持は、必ずしも「好感」を伴っているわけではないともいえます）。

このように聞くと、「好感はもっているのに支持はしない」という解説に違和感を覚える人がいるかもしれません。しかし、こうしたことは政治学の分析では一般的にみられる現象なのです。少し難しい話になりますが、心理学をベースとする政治意識論の分野では、「感情」と「認知」は独立した情報処理の過程としてとらえられています。つまり、日本維新の会に「好き」という感情をもっているからといって、日本維新の会の政策などを含めて「支持する」という認知に必ずしも結び付くとはかぎらないのです。

あえてわかりやすくいえば、自民党に比べれば日本維新の会のほうがなんとなくいいなあというぼんやりとした好感をもっているけれども、日本維新の会の主要な政策は自民党とほぼ同じだし、なんだかんだといっても自民党のほうが信頼できるから、支持するのは自民党かな、という人は少なくないでしょう。こうした、ある種の「矛盾」こそが、日本維新の会が抱えている「壁」の正体といえるでしょう。また、二〇二一年総選挙で見られた日本維新の会の躍進傾向はいまでは少し陰りも見えていますが、ほかの政党よりも感情温度が乱高下していて、世論全体からみて「安定した政党」と見なされているわけではないといえます。

▼世代ごとにみる感情温度

二〇一二年から続く第二次安倍政権下では、特に若い人々の自民党支持が目立っていました。しかし、岸田文雄政権が発足した二一年以降、若者の自民党支持率が低下していると各種の報道で指摘されています。[9]また、立憲民主党や共産党の支持は高齢者に偏っていて、日本維新の会は、（相対的に）現役世代の支持に支えられているという印象をもつ人も多いでしょう。

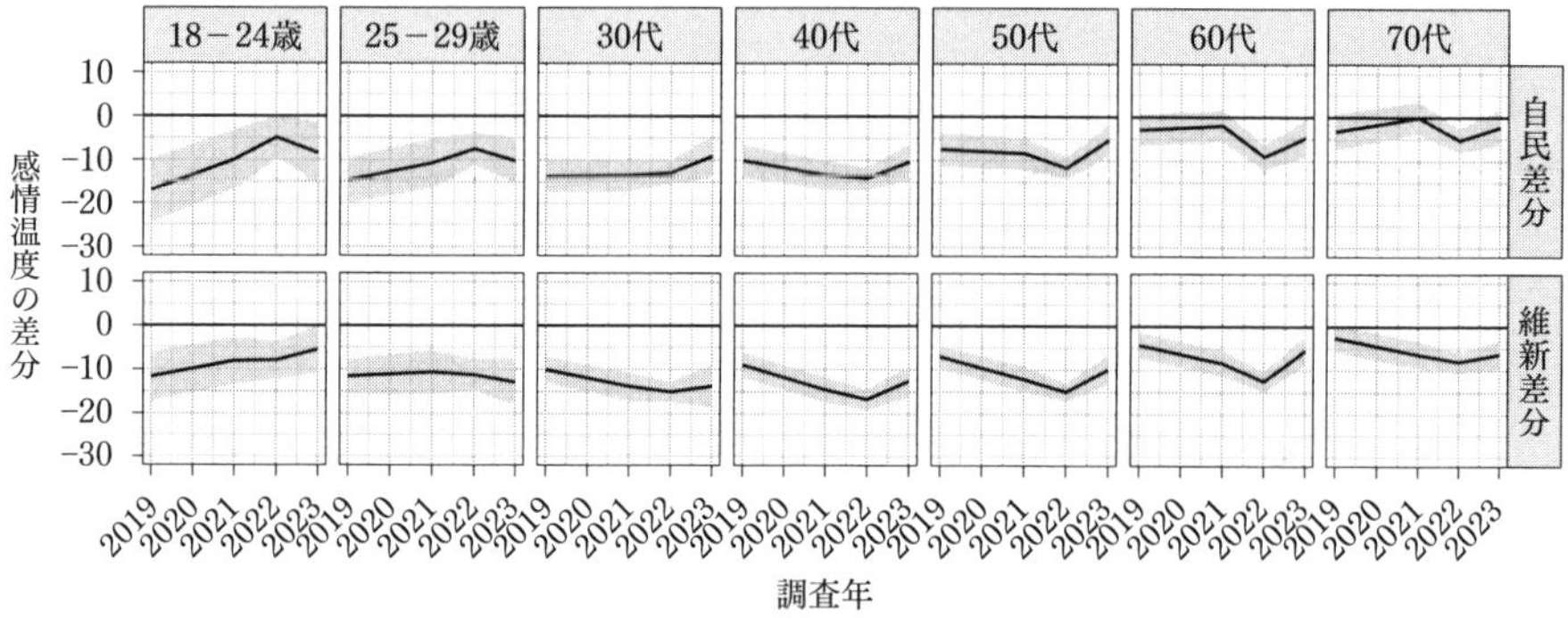

図3　世代ごとの政党間の感情温度差の変化
*1 実線は0のラインを示す。
*2 灰色は95%信頼区間を示す。

そこでこの点を確認するために、世代ごとの感情温度の変化を確認してみましょう。図3は、十歳刻みで世代（ただし若年世代は十八歳から二十四歳と二十五歳から二十九歳）を分けて、立憲民主党を基準に、自民党および日本維新の会との感情温度の差分の変化を整理したものです。

これをみると、特に十八歳から二十四歳とそれ以上の世代との間で興味深い違いがみられます。十八歳から二十四歳に注目すると、二〇一九年から二三年の間に、立憲民主党と自民党および日本維新の会への好感度の差は縮まっています。とりわけ、日本維新の会と立憲民主党の間の好感度の差は一貫して縮小する傾向が見て取れます。自民党との間でも、二二年時点までは一貫して差が縮まっています。他方で、六十代以上の世代では、この四年間で、立憲民主党に比べて自民党や日本維新の会のほうに、より好感をもつ方向で変化しています。巷間では、「立憲民主党の凋落」がしばしば指摘されますが、図3をみるかぎり、そうした現象を牽引しているのは主に高齢世代のようです。

さらに踏み込んでいえば、世論全体では支持が低い立憲民主党について、より若い世代の支持が増えることで党勢が回復していく可能性があるといえます。二〇二四年現在で十八歳から二十四歳の人々は、主に〇〇年代以降生まれの人々であり、「政治」を初めて意識するようになる時期を中学生から高校生くらいだと想定すると、その時期は第二次安倍政権になったころだと考えられます。言い換えれば、こうした若い人々は、〇九年から一二年の民主党政権時代を直接的にほとんど知らない世代ともいえます。仮に、立憲民主党の支持低調の原因が民主党政権時代の失政にあるのだとすれば、そのことを知らない若い人たちは、「大人」とは違う見方で野党を評価しているのかもしれません。

3　世論の野党への認識：2――イデオロギーを用いた分析

▼各政党に対するイデオロギー位置

一般に、政党や政治家の政治的な立場を示す際に、「保守―革新／リベラル」とか「右派―左派」という表現がしばしば用いられます。こうした概念はイデオロギーと呼ばれ、日本に限らず多くの国で共通してみられる対立軸です。[10] 特に日本の場合、右派（保守）の代表格として自民党が、逆に、典型的な左派（革新）政党として共産党がしばしば挙げられます。もっとも、近年では、特に「革新」という言葉の用いられ方に世代的な違いがみられることも明らかになっています。[11] さらには、こうした既存のイデオロギーではとらえきれない対立軸として、「改革―守旧」というものもみられるようになりました。[12] いずれにせよ、各政党がどういう政治的立場にあるのかを理解するのが難しい社会になっているといえます。

そこで、世論は、各政党がどのようなイデオロギー位置にいると認識しているのか確認してみましょう。各調査では、共通して、自分自身と主要政党のイデオロギー位置を以下の質問に答えることで示してもらっています。質問は、「ところで、ある政治的な立ち位置を示す表現として、よく保守的（右派）とか革新的（左派）とかいう言葉が使われています。あなた自身や、以下の団体の政治的な立場は、どれに当てはまると思いますか。〇が最も革新的（左派）、十が最も保守的（右派）です。〇から十の数字は五を中間に、左によるほど革新的（左派）、右によるほど保守的（右派）という意味です。ご存じでない場合、わからない場合、答えたくない場合は、「わからない」をチェックしてください」というものです。

図4は、世論全体（回答者が自分自身のイデオロギー位置だと考えている位置）と各政党のイデオロギー位置の平均値についてまとめたものです。まず「世論全体」のイデオロギー位置は、平均的に「中道」にあたる五の付近にあり、二〇一九年から二三年の間でもほぼ変わっていません。少なくとも、本調査からは、「世論の右（左）傾化」といえるような現象はみられないといってよいでしょう。

では、各政党はどうでしょうか。まず自民党は、総じてイデオロギー位置の平均値が七を超えています。つまり、自民党は相当に「右寄り」の政党だと認識されているようです。それに対して、共産党はおよそ二・五から三で、「左寄り」の政党だと見なされています。それでは、主要な野党である立憲民主党と日本維新の会はどうでしょうか。立憲民主党のイデオロギー位置は、およそ四近くですので、「やや左寄り」の政党だと認識されているようです。一方の日本維新の会の平均値は、五・五近くであることがわかります。一部では、日本維新の会は「かなり右寄りの政党」だという指摘もありますが、少なくとも世論の認識ではそうした見方は当たっていないようです。さらにいえば、世論全体のイデオロギー位置がだいたい五・四から五・五の付近ですから、世論（のイデオロギー位置）に最も近い政党は日本維新の会だということもわかります。

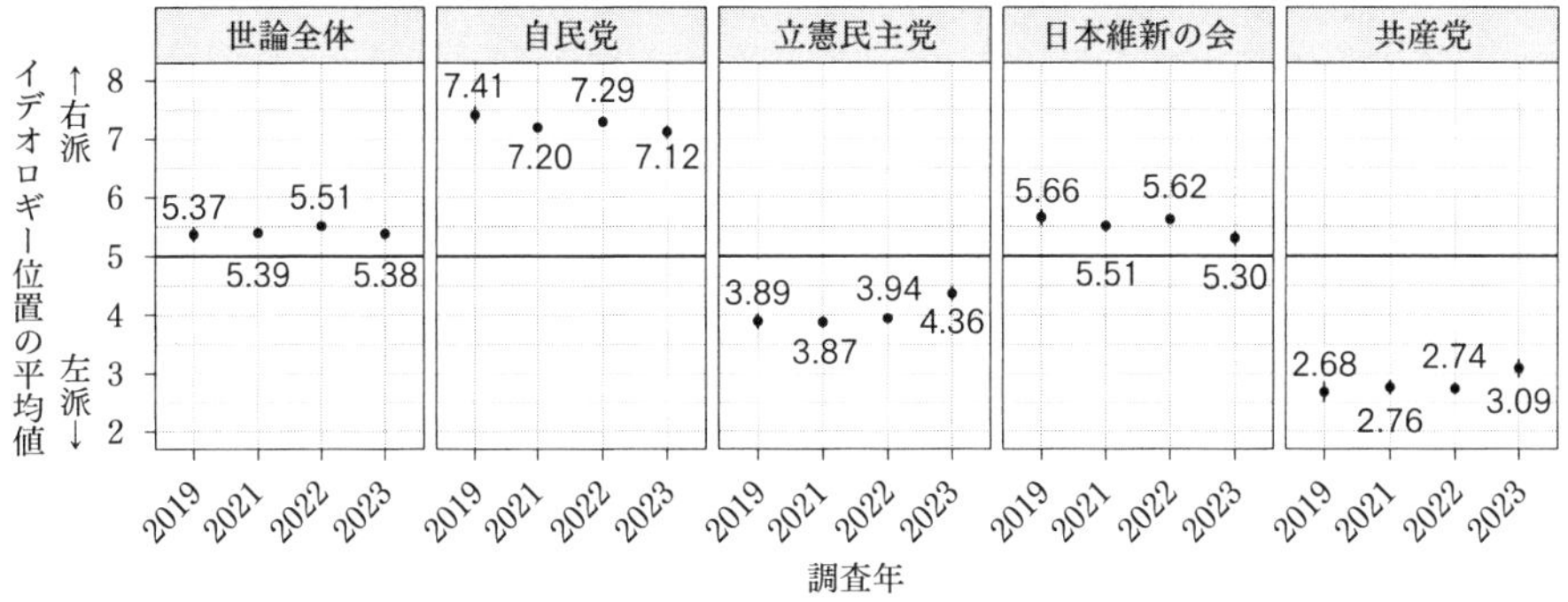

図4　世論全体と政党ごとのイデオロギー位置
*1 エラーバーは95%信頼区間を示す。
*2 実線は「中道」のラインを意味している。

また、近年、立憲民主党と日本維新の会のイデオロギー位置に興味深い変化もみられます。具体的には、立憲民主党のイデオロギー位置は二〇二三年になって、およそ〇・四ポイント右寄りに、逆に、日本維新の会は〇・三ポイントほど左寄りになっています。つまり、立憲民主党と日本維新の会のイデオロギー位置は、（世論の認識のうえでは）以前よりも近づいていて、両党のイデオロギー差が見えにくくなっているようです。

では、二〇二二年から二三年にいたる間の両党の動向を考えてみましょう。立憲民主党は、（意図的かどうかはわかりませんが）イデオロギー色がはっきり表れやすい外交・安全保障に関する強い主張はしていないように思われます。また、日本維新の会は、教育無償化など、どちらかといえば左派が好む政策を訴えています。こうした情報を見聞きしていた有権者は、「立憲民主党は思ったよりも左寄りというわけではなさそうだし、日本維新の会は思ったよりも左寄りの政党なのかもしれない」と考えるようになった可能性があります。もちろん、これらはあくまで「仮説」ですが、この変化がなぜ生じたのかを検証することは今後の政治学の課題といえるでしょう。

▼世代ごとにみるイデオロギー位置

先ほども言及したように、イデオロギー認識は世代間で異なるものであり、このことは先行研究でも指摘されています。つまり、図4は、世代ごとにイデオロギーの意味づけが異なる可能性があるにもかかわらず、そうした差異を考慮できていません。そこで、図3での分類と同様に世代ごとに、各党のイデオロギー位置についても確認しておきましょう。

図5は、世代ごとに、世論全体と各政党のイデオロギー位置の平均値を示したものです。ここでは、立憲民主党と日本維新の会の主要な二つの野党に注目します。まず、立憲民主党は、全体的に左寄りという認識で共有されているようですが、世代ごとにやや差がみられます。特に、高齢世代は立憲民主党を左寄りとみていますが、若い世代は（相対的に）右寄りと認識しています。逆に、日本維新の会のイデオロギー位置は、二十代から五十代の人々では、およそ四・五から五・五の間にあり「中道政党」と見られていますが、六十代以上の世代では（相対的に）右寄りだと見なされています。こうした世代間での政党イデオロギー位置の認識差は、その政党が目指す方向性についての合意を得にくくさせます。例えば、日本維新の会を中道的だと見なす若い世代は、教育無償化などの現役世代向け政策を期待するでしょう。逆に年長世代は、日本維新の会にタカ派的な外交・安全保障政策を期待しがちになります。もちろん、立憲民主党でも同様のことがいえます。このように世代間で政党のイデオロギー位置認識のギャップがあると、仮にその政党が政権を奪取したときに、「思っていた政党の姿と違う」という失望を生み出しやすくなる可能性があります。

もう一つ、興味深い点があります。二〇二三年調査での十八歳から二十四歳では、立憲民主党のイデオロ

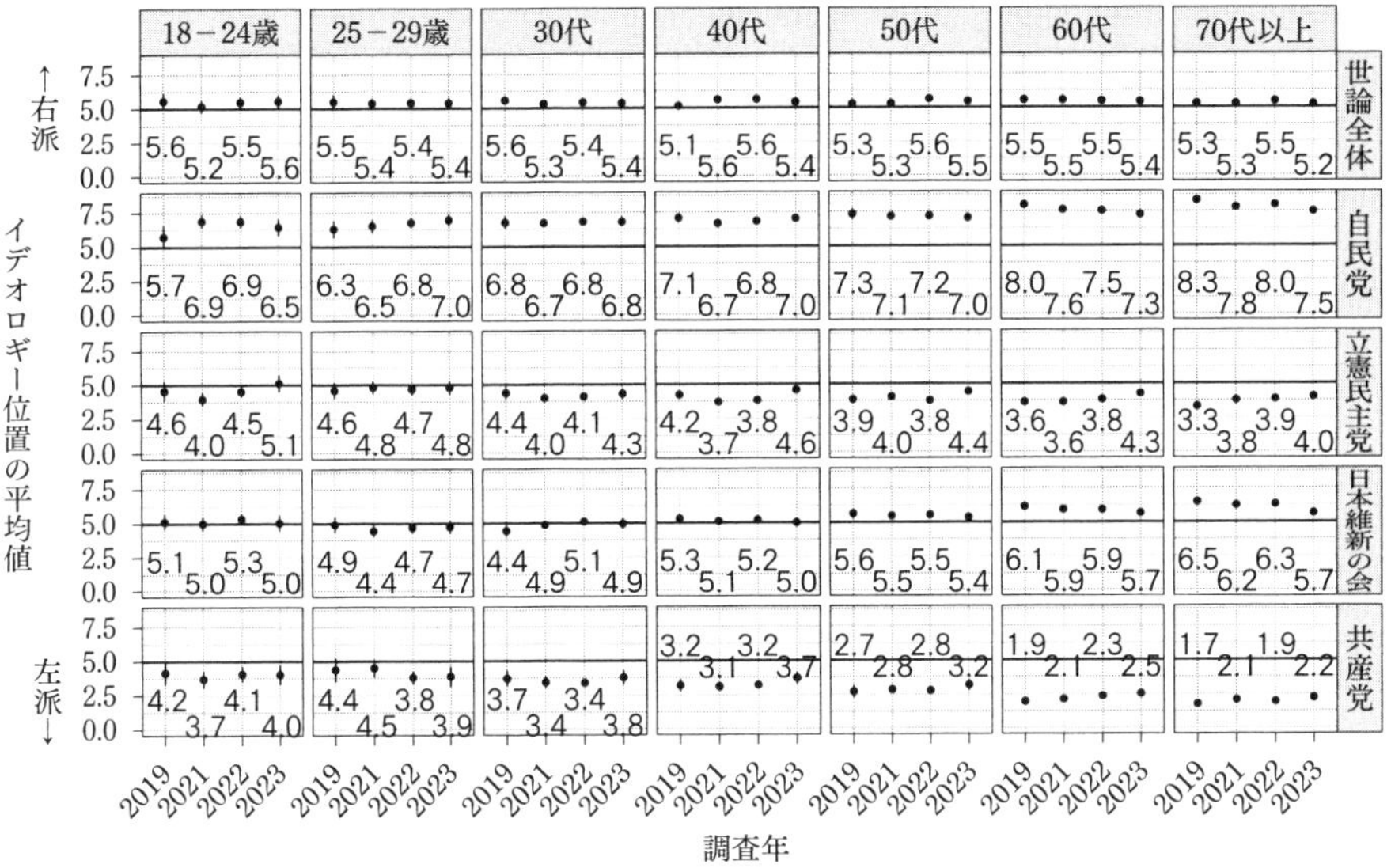

図5　世代ごとにみた世論全体と政党ごとのイデオロギー位置
*1 エラーバーは95％信頼区間を示す。
*2 実線は「中道」のラインを意味している。

ギー位置が五・一であるのに対し、日本維新の会は五・〇となっています。また、二十五歳から二十九歳でも、立憲民主党は四・八、日本維新の会は四・七とほぼ同様の値になっています。つまり、二十代は、伝統的な左右イデオロギーという点で、立憲民主党と日本維新の会の間に、ほとんど違いを見いだしていないのです。確かに、全世代でみれば立憲民主党は中道左派、日本維新の会は中道もしくは中道右派として対立軸をみることができます。しかし、若い世代は、イデオロギー以外の対立軸で両党を差別化している（あるいは、差別化しきれていない）可能性があります。現在の二十代は、選挙権を得てからずっと第二次安倍政権下で過ごしてきた世代です。言い換えれば、〇九年から一二年の民主党政権時代を実質的に経験していない世代でもあります。そうしたことから、左派色が強調されていた旧民主党の記憶が薄いのかもしれません。安倍晋三元首相は、民主党政権を「悪夢のような政権」と表現していましたが、今後、民主党政権時代を知らない若い有権者がさらに増えていけば、そうした記憶の影響を受けずに政党を評価する若い世代と、そうでない年長世代との間で認識ギャップが広がる可能性があります。

4 世論の野党への認識：3——政権担当能力評価

最後に、政権担当能力評価という観点からも検討してみましょう。アメリカをはじめとした頻繁に政権交代が起きる国では、多くの政党が過去に政権を担った経験をもちます。したがって、「この政党は本当に国の統治が可能かどうか」という点を世論があらためて考慮することはほとんどないでしょう。しかし、日本のように、自民党一党優位の体制が長らく続いている場合、野党が本当に政権を担えるか、統治できるかについての評価は、政権交代の可能性に直接に影響する見込みもあります。[13] 実際に、「読売新聞」と早稲田大学が二〇二一年十一月から十二月におこなった郵送世論調査によれば、自民党に対抗できる野党が必要だと考える人は八二%にも達しています。[14] つまり、いまの各野党に期待は寄せられないとしても、「野党という存在」そのものには比較的肯定的な見方をしていると考えられます。

では、世論は、各政党にどれくらい、政権を担当する能力があると評価しているのでしょうか。この点について、二〇一九年参院選の直前と二一年総選挙の前後、二二年参院選の前後の調査では、主要政党に政権を担当する能力がどれくらいあると思うかについて尋ねています。具体的には、「以下の政党について、政権を担当する能力が、どの程度あると思いますか。あなたのお考えにもっとも近いもの選択してください」

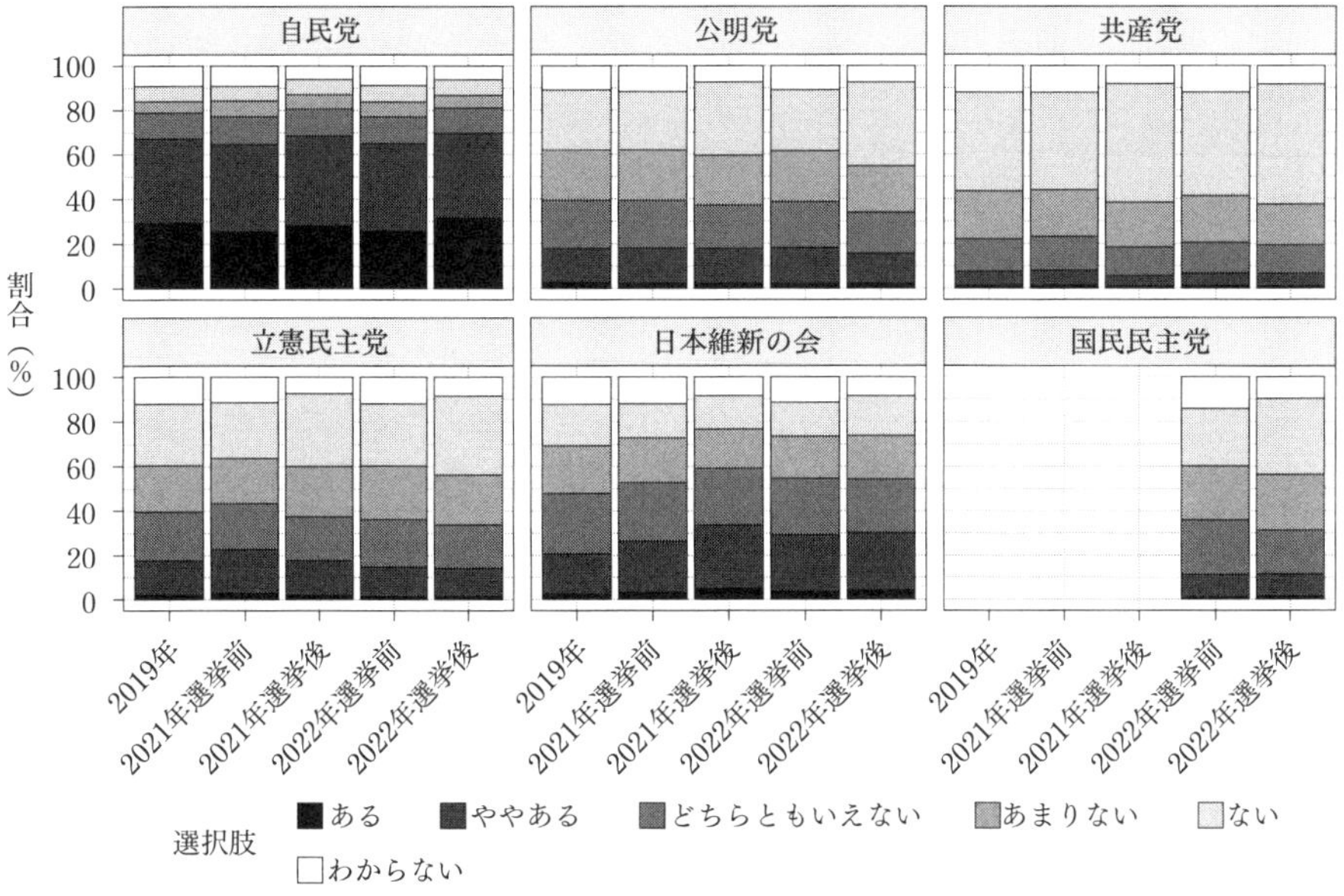

図6　各政党の政権担当能力評価

として、自民党・公明党・立憲民主党・日本維新の会・共産党（さらに二〇二二年だけ国民民主党も含む）の各党について、「ある・ある程度ある・どちらともいえない・あまりない・ない・わからない」という選択肢を用意しました。図6は、その結果をまとめたものです。図6をみると、やはり、世論の政権担当能力評価で、自民党は他を圧倒しています。自民党は、どの調査時期でも、政権担当能力が「ある」＋「ある程度ある」の割合が六〇％から七〇％を超えています。ただし、連立政権のパートナーである公明党には、「ある」＋「ある程度ある」を合わせても二〇％程度にしかなりません。つまり、政権担当能力評価からみても、日本の世論は、自民党以外の政党に政権を担う統治能力はほとんどないと考えていることがわかります。

次いで、野党側の結果を個別に確認してみましょう。まず、野党第一党の立憲民主党ですが、直近の二〇二二年参院選の際の調査結果をみると、「ある」＋「ある程度ある」を合わせて一四・二％ほどしかありません。その一方で、日本維新の会は少し様子が異なるようです。二一年総選挙前の政権担当能力評価は、立憲民主党とほぼ同程度の二六・二%でしたが、総選挙後の調査では三三・五%と、およそ七%ポイントほど急上昇しています。このことは、二一年総選挙で、日本維新の会に政権担当能力があると認めて投票した人が増えたというよりも、選挙結果をみて、多くの人が日本維新の会に期待していることがわかったから政権担当能力を認めるようになったことを意味しています。すなわち、政権を担当する能力があると有権者に評価してもらうためには、「いい政策」を主張するだけではなく、実際に議席を増やして、世論の期待値を上げる必要があるようです。

また、二〇二一年総選挙後に上昇した日本維新の会の政権担当能力評価は、多少前後しながらも、実質的には二二年時点でもほぼ変化していません。しかも、直近の二二年参院選後に日本維新の会の政権担当能力を評価する人の割合は二九・九%であり、立憲民主党の二倍近くもあります。「政権を担うことができる野党」への期待感は、立憲民主党ではなく日本維新の会のほうに寄せられているといえます。とはいえ、日本維新の会の政権担当能力への評価も、絶対的にみれば三〇%前後にすぎず、決して高いわけではありません。

現在、野党第一党の地位をめぐって立憲民主党と日本維新の会はしのぎを削っていますが、それはあくまで野党内での競争であり、自民党と対抗できる勢力として政権交代を実現するまでには、両党とも、まだまだ道のりは遠いといえるでしょう。

5 野党の今後を考える

政権交代の可能性を考えるとき、日本には、主に立憲民主党と日本維新の会という二つの大きな野党が選択肢として存在しています。とりわけ、日本維新の会は、その存在感を日々増しつづけています。本章で取り上げた分析結果の多くからも、日本維新の会に対する期待感の高さがうかがえました。他方で、立憲民主党に対する期待感は、さほど高くないように見えます。本来、野党第一党である立憲民主党が戦うべき相手は与党・自民党のはずですが、現実には、同じ野党である日本維新の会と競争している状況にあります。こうした状況を見透かしてか、国民民主党は「一般的な野党像」とは異なり、与党に協力的な野党像を示し、特に若い人々の支持を獲得しています。本章ではほとんど取り上げなかった野党も、独自の政策を打ち出すことで存在感を示そうとしています。まさに「野党戦国時代」の様相を呈しています。

一方で、小選挙区制をメインとする日本の選挙制度では、野党が分裂しているかぎり、反自民票が分裂してしまいますので、自民党に勝つことはできません。そのため、立憲民主党や共産党などの野党が候補者を一本化する「野党共闘」がおこなわれていますが、日本維新の会はこの枠組みに参加していません。野党同士の協調性が低いことも、政権交代の可能性を低下させているといえます。ただし、野党にも未来がないわけではありません。その鍵になるのが、自民党支持と同程度（あるいは、それ以上）の勢力を誇る「無党派層」と呼ばれる支持政党をもたない人々です。無党派層のなかには、あえて特定の政党を支持せず、選挙のたびに最良の選択をしようとする「積極的無党派」と呼ばれる人々が多くいることが知られています。[15] 日本政治は「自民一強」から動かないだろうと思う人も多いかもしれません。ただし、特定の野党が無党派層の期待を集めることができれば、政治が一気に動く可能性も十分にあります。今後、日本政治がどのような道を歩んでいくかを考えるうえで、野党の動きに注目することがますます重要になってくるといえるでしょう。

注

（1）前原誠司を軸として、国民民主党を離党した五人によって結成された新党です。
（2）秦正樹「世論は野党に何を求めているのか？――2021年総選挙を事例としたヴィネット実験による検証」、日本選挙学会編「選挙研究」第三十八巻第二号、日本選挙学会、二〇二二年
（3）これらの調査はすべて、神戸大学大学院法学研究科研究倫理審査委員会の審査を受けて承認されています。また三つの調査は、科学研究費補助金・基盤研究（A）（課題番号：19H00582）「選挙ガバナンスが正確な投票（Correct Voting）に与える影響に関する研究」の助成を受けて実施しました。
（4）この調査は、関西大学経済・政治研究所（自助・共助班）の助成を受けて実施し、関西大学「人を対象とする研究倫理審査運営委員会」の審査を受け承認されています（HR承認21-8）。
（5）四つの調査はすべて、楽天インサイトのパネルモニターを対象にオンラインで実施しました。なお、サンプル回収にあたっては、直近の国勢調査をもとに、性別・世代・地域ブロックごとに回収上限を割り付けることで、標本の構成が日本の分布とできるだけズレないように調整しています（割付調査）。
（6）三輪洋文「「感情温度」が表すもの――東京大学×朝日新聞社の世論調査から」、吉田徹編『民意のはかり方――「世論調査×民主主義」を考える』所収、法律文化社、二〇一八年
（7）各選挙時期のデータは、選挙前に実施した調査のほうの結果を利用しています。
（8）境家史郎『政治的情報と選挙過程』木鐸社、二〇〇六年
（9）内藤貴浩／石井良周「なぜ若者は自民党に投票するのか？」「ＮＨＫ政治マガジン」二〇二一年十一月二十四日（https://www.nhk.or.jp/politics/articles/feature/72512.html）［二〇二三年十二月二十五日ア

クセス］

（10）蒲島郁夫／竹中佳彦『イデオロギー』（現代政治学叢書）、東京大学出版会、二〇一二年。ただし、イデオロギーがもつ意味は国や地域ごとの文脈によって異なります。

（11）遠藤晶久／ウィリー・ジョウ『イデオロギーと日本政治――世代で異なる「保守」と「革新」』新泉社、二〇一九年

（12）秦正樹「「改革」的な政策とはなにか?――コンジョイント実験による検証」、日本政治学会編「年報政治学」二〇二三年第二号、筑摩書房、二〇二三年

（13）山田真裕『二大政党制の崩壊と政権担当能力評価』（シリーズ政権交代期における政治意識の全国的時系列的調査研究）、木鐸社、二〇一七年

（14）「政治に「不満」74%、対抗できる野党「必要」82%…読売・早大の共同世論調査」「読売新聞」二〇二一年十二月十五日付（https://www.yomiuri.co.jp/election/yoron-chosa/20211215-OYT1T50094/）［二〇二三年十二月二十五日アクセス］

（15）田中愛治「「政党支持なし」層の意識構造と政治不信」、日本選挙学会編「選挙研究」第七巻、日本選挙学会、一九九二年

［付記］本章は、科学研究費補助金・若手研究（課題番号：22K13336）「野党支持者における「敗者の合意」――テキストマイニングとサーベイ実験による検証」の助成を受けた成果の一つです。

第4章

なぜ女性政治家は少ないのか？

――政治とジェンダー、政治家のメディア表象について

田中東子

はじめに――日本の女性政治家のリアル

二〇一九年七月におこなわれた第二十五回参院選のある女性候補者の出馬表明パーティーに参加したときの話です。地方中核都市の選挙区から立候補したその女性を応援するために、舞台上にはその地域の県議会議員や市議会議員がずらりと並んでいました。その光景を見た瞬間、私はいささかのショックを覚えました。なぜなら、参院選の候補者本人である彼女以外、応援団には一人も女性議員がいなかったからです。日本の国会に女性議員が少ないことはもちろん認識していました。世界経済フォーラムが公表する「ジェンダー・ギャップ指数」で政治や経済分野の女性の参画率が低いことから、日本が毎年下から数えるほうが早い位置にいることも。

しかし、国政よりも地域に密着し、政治が日常生活とはるかに近い距離にある県や市の議会の代表者として、一人くらいは女性議員が出てくるはずだというそんな考えは、どうやら甘かったようです。

内閣府男女共同参画局が発行する「男女共同参画白書 令和五年版」(1)によると、二〇二一年の第四十九回衆院選では、候補者に占める女性の割合は一七・七%で、当選者に占める割合は九・七%。二二年の参院選では、候補者に占める割合が三三・二%、当選者に占める割合は二七・四%でした。

そして、この白書のなかの「地方議会における女性議員の割合の推移」のグラフによると、都道府県議会の女性比率が一一・八%、市議会全体の女性比率が一七・四%、町村議会の女性比率が一二・二%となって

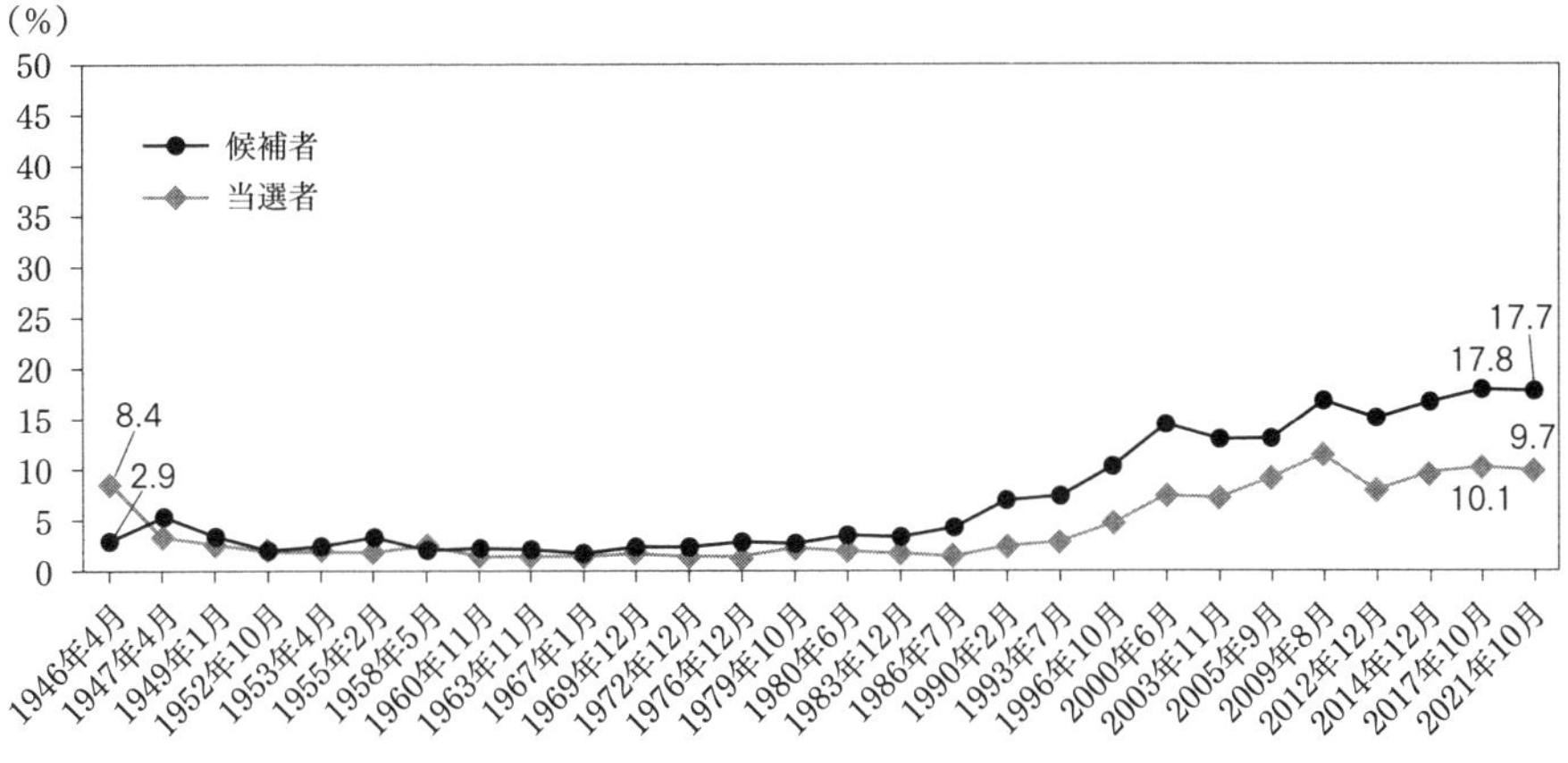

図1　衆議院議員総選挙における候補者、当選者に占める女性の割合の推移
(出典：「男女共同参画白書 令和5年版」〔https://www.gender.go.jp/about_danjo/whitepaper/r05/zentai/html/zuhyo/zuhyo01-01.html〕［2024年8月13日アクセス］)

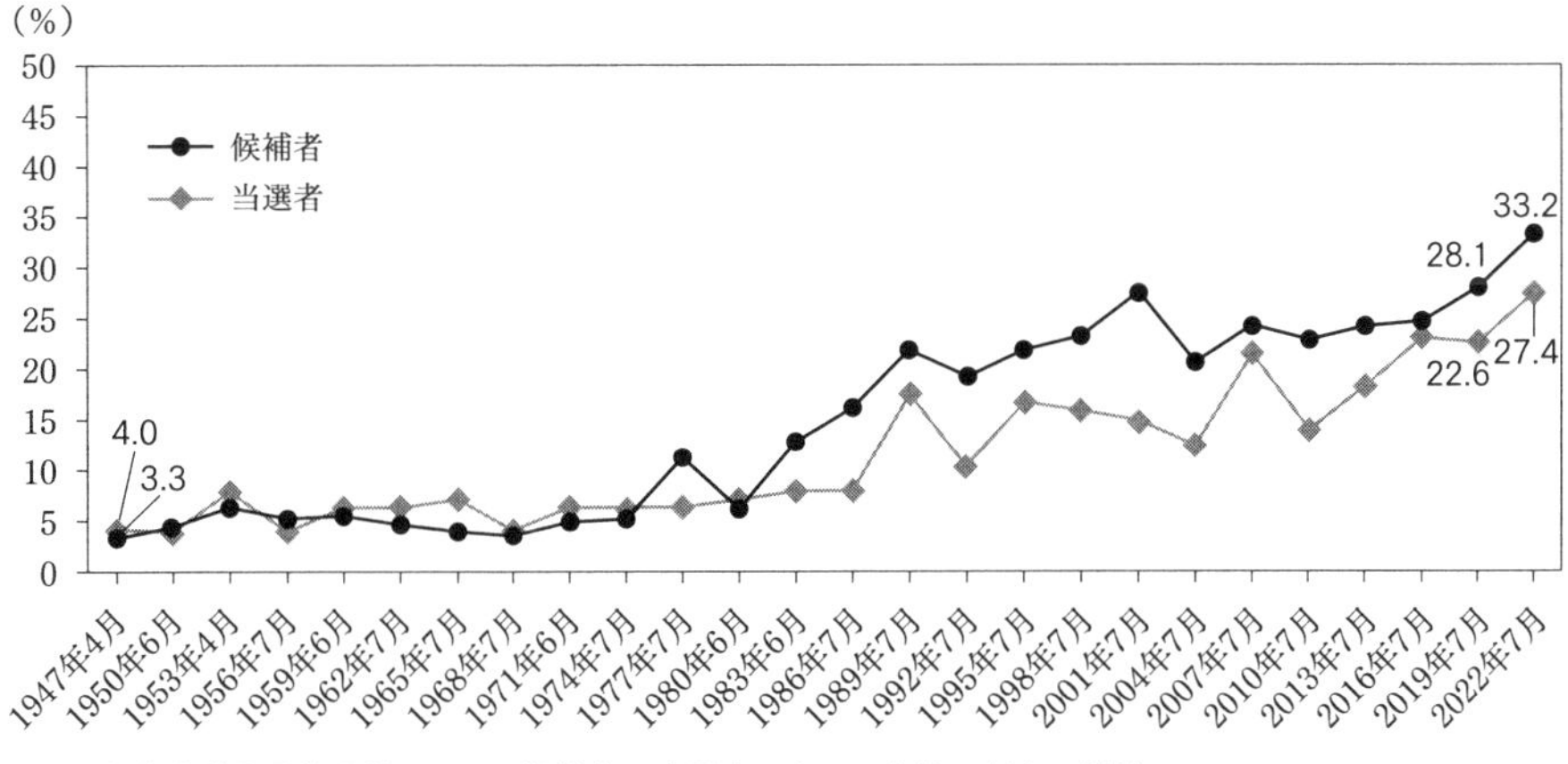

図2　参議院議員通常選挙における候補者、当選者に占める女性の割合の推移
(出典：「男女共同参画白書 令和5年版」〔https://www.gender.go.jp/about_danjo/whitepaper/r05/zentai/html/zuhyo/zuhyo01-02.html〕［2024年8月13日アクセス］)

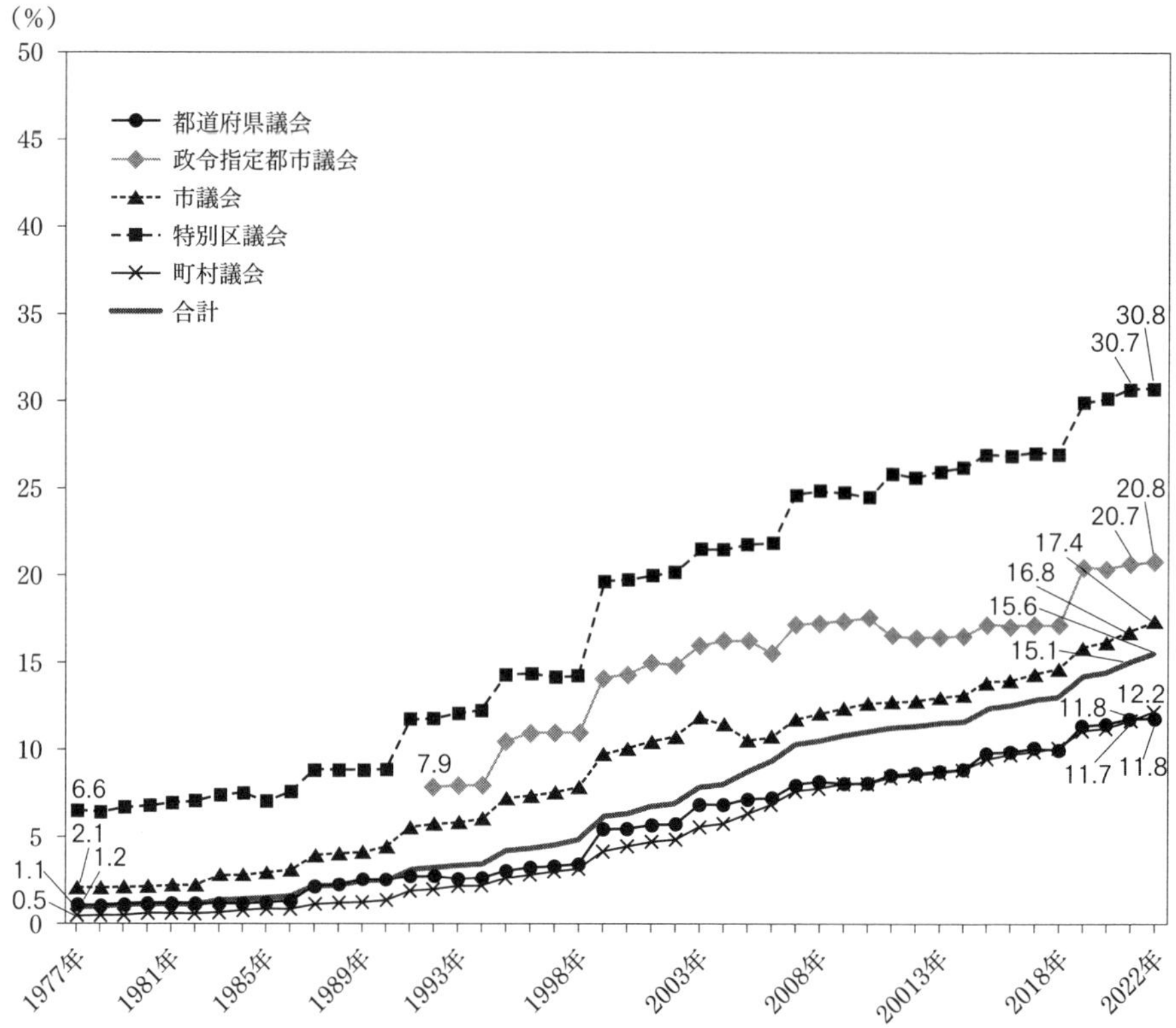

図3　地方議会における女性議員の割合の推移
（出典：「男女共同参画白書 令和5年版」〔https://www.gender.go.jp/about_danjo/whitepaper/r05/zentai/html/zuhyo/zuhyo01-04.html〕［2024年8月13日アクセス］）

います。

一般的には、「女性比率が一〇％未満を「男性独占状態」、一〇％から二五％のあいだを「小さなマイノリティ状態」[2]と区分するそうです。二〇一九年当時は都道府県議会や町村議会の女性比率は一一％前後だったので、パーティーで見た女性議員が一人もいない光景はまさに現実として「男性独占状態」でもあり、「小さなマイノリティ状態」そのものだったといえるでしょう。

もう一つ、政治のリアルを肌で感じた出来事があります。それは二〇一七年の第四十八回衆院選の選挙期間中のことでした。

その日、都内のターミナル駅前の広場では、ある政党の女性候補者の演説会が開かれていました。さほど多くの人を集めているわけではなく、道行く人たちは女性候補者にときおり視線を送りながら広場を通り過ぎていました。遠巻きに演説を聞いていると、「ヤラせてくれたら一票入れてやるよ」と揶揄する声が聞こえました。筆者の近くを歩いていた大学生とおぼしき男性集団の一人がつぶやいたようでした。これもまた、ひどく衝撃的な出来事でした。二十一世紀も五分の一は過ぎようというこの時代に男子学生によるそんな台詞を聞くことが日本社会の政治文化であるのか、とびっくりしてしまいました。

これら二つのエピソードは、日本社会で「政治とジェンダー」の問題を考えるときにきわめて重要です。おそらく多くの女性たちが出合っているだろうこのような出来事からみえてくるのは、単に女性議員の比率が低いことだけが問題なのではなく、私たちが生きるこの社会と文化全体の本質的な問題として「政治とジェンダー」について考えていかなければならないということです。

ここ数年、新聞やウェブジャーナリズムの記事で頻繁に指摘されるようになってきたのは、制度的な政治活動の現場でプレーヤーの大半が男性であることから、通例や慣例、常識としてまかり通ってきた多くの事柄にジェンダー的な偏りがあったのではないか、ということです。例えば、学校での政治とジェンダーに関する教育の不足。男性有権者による、「一票の力」を盾にした女性候補者へのセクシュアルハラスメントである「票ハラ」(3)や、スタッフ間でのセクハラやパワハラなど政治活動の領域全般に蔓延するハラスメントの問題。育児や家事など女性のほうがより重い負担を強いられている労働と選挙活動との両立の困難さ。立候補するには供託金が必要であり、男女間の賃金格差がいまだ大きい日本で女性が立候補しようとすれば経済的に不利な状況に置かれること。(4)現実でも、映画やドラマなどイメージの世界でも、「女性政治家」のロールモデルが非常に少ないこと。

さらには、「政治」のアジェンダとされる事柄自体がひどくジェンダー的に偏り続けてきたことも、近年、SNS上で女性たちの声を通じて顕在化され批判されるようになってきました。「政治」という言葉のシニフィエ（意味内容）から排除されてきた、女性たちが生活をしていくうえで突き当たるさまざまな課題は枚挙にいとまがありません——職場や教育の場で遭遇する性暴力やセクハラ、男女間の雇用形態の格差や賃金格差、パンプスやハイヒールを履いて労働することを女性だけが強制される不思議さ、眼鏡をかけて労働することが特に女性にだけ禁じられること、など。

これらは、現在、女性が政治や経済のプレーヤーとして参入しようとする場合に、次々と直面せざるをえないものばかりです。そして、かつて一九七〇年代の女性解放運動を通じて、一度はきちんと議論の俎上に載せられ問題視されてきたことばかりであるにもかかわらず、二十一世紀の今日にいたるまで、私たちの社会のそこここで温存され続けてきた事柄なのです。そこで、本章では「政治」そのものの制度的な課題を直接問い直すのではなく、少し角度を変えて政治の外側に広がる文化的な領域の問題として、政治とジェンダーの問題を考えます。

オーソドックスな「政治」の外側に広がる文化的領域としてこれらを考えてみることの意義は、何でしょうか。例えば、女性政治家のイメージを形成するのは、現実の女性政治家そのものよりも、メディアやニュース報道での表象の蓄積です。さらには、それらの外側に拡張しているポピュラー文化やエンターテインメントのコンテンツのなかで描かれる女性と政治の関わりが、一般的なイメージを形成していると考えられます。つまり、女性政治家の表象は、「リアル」でドキュメンタリー的な表象と、フィクション的な表象との相関関係のなかで形成されているということです。

こうしたメディアと私たちとを媒介するイメージの役割について、「反映するものとしてのメディア」、そして逆方向に機能する「形成するものとしてのメディア」[5]という視点から考えていきます。

1　新聞はどのように女性政治家を報じてきたのか

ここでは、一九八三年以降に「朝日新聞」に掲載された「女性と政治」をテーマにした記事を通時的に眺めてみましょう。そうすることで、新聞が生産する女性政治家のイメージがこの約四十年でどのように変わったか、もしくはどのように変わらないのかを大づかみに把握します。

日本で女性が参政権を獲得したのは第二次世界大戦終了後まもなくのことです。その直後の一九四六年には女性の政治進出の最初のブームが起こり、七十九人の女性議員が衆院選に立候補して三十九人が当選しました（女性比率は八・四％）。翌四七年には八十五人の女性議員が立候補し、十五人が当選しました。[6]

その後、女性議員の数は低迷し一桁台で推移していきますが、参院選では一九八三年の比例代表制度の導入後に女性候補者が急増し、小さな政党を中心に女性の当選者も少しずつ増えていきました。八九年の「マドンナ旋風」を経て、九〇年代にも微増傾向は続き、国会だけでなく女性の地方議会議員の数も増えていきました。その結果、二〇〇〇年に日本で初めての女性知事が、大阪府と熊本県でようやく誕生しました。

とはいえ、日本での女性の政治参加——より明確にいうならば、女性が政治のプレーヤーとして生きること――が抜本的に増えることはありませんでした。こうした情勢に変化を引き起こすべく、二〇一八年五月二十三日に「政治分野における男女共同参画推進法」が施行されました。

その施行後におこなわれた衆院選、参院選、統一地方選挙のいずれでも女性の候補者と当選者数は増加しました。二〇二三年四月九日に投開票された四十一道府県議選では女性の当選者が過去最多の三百十六人になり、定数に占める女性議員の割合も一四・〇%になりました。とはいえいまだ一〇%を超えたにすぎず、抜本的な増加につながったとはいいがたい状況です。列国議会同盟によるとこの二十年間で諸外国の女性比率は倍増していますが、日本は世界の潮流から完全に取り残されたままになっています。

このように当選者の人数や比率の数字だけをみると、法律や制度を改善したとしても、ジェンダー平等のための大きな変化は起きていないようにみえるかもしれません。しかし、数字にはいまだ現れていないものの、着実に変化は起きています。女性たちが政治のプレーヤーとして参画していくための起爆剤になった地道な歩みがあったからです。次節以降では、一九八〇年代以降の女性による選挙への参加がどのように報じられてきたか、三つの時期に区分して確認していきましょう。

▼第一の時期

第一の時期は、一九八六年の男女雇用機会均等法施行と八九年七月の第十五回参院選で起きた「マドンナ旋風」の影響により、公的な空間で女性の存在がわずかずつ顕在化していったころです。とはいえ、八〇年代後半の選挙関連のニュース記事で、女性議員や女性候補者に焦点を当てているものは年に数本あるかないかという程度で、この時期の女性候補や女性議員は「イロモノ」として扱われていました。

例えば、「倫理素通り〝花の応援団〟」「タレントの三女性議員 要請続々、休みなし」（一九八三年十二月八日付）の記事では、現代の感覚からするとめまいを起こしそうになる表現ですが、女性議員を「花の応援団」と表現し、三人のタレント女性議員への応援演説の依頼がひっきりなしであり、「持ち前のソフトな語り口」がその人気の理由であると報じられています。現在ではここまであからさまに表現されることはなくなったとはいえ、「ソフトさ」や「華やかさ」を女性に期待する態度は、今日にいたるまで無意識的な願望として社会に根強くあり、女性に要請され続けています。

女性を「イロモノ」として位置づける姿勢は、「政権へ意識革命を イメージの一新へ 選挙で女性擁立も」（一九八五年十一月十九日付）という記事にも表れています。女性擁立を政党のイメージ向上戦略の一環として用いるこうした姿勢は、これまた現在まで続くものです。一九八九年から九〇年代にかけて女性議員を「マドンナ」と称していたことも、レトロスペクティブにみてみれば、彼女たちを「イロモノ」として扱うまなざしだったといえます。

とはいえ、「マドンナ旋風」のおかげで、ニュース紙面に女性議員や女性候補者の存在が顕在化したことは否定できません。「社会党、マドンナ巡り混迷」（一九八九年十一月十四日付）、「マドンナたちはいま」（一九八九年十一月二十六日付）という見出しの選挙記事が書かれ、「参院選への女性立候補、この九年で七倍に」「女性の政治進出」（一九八九年七月十八日付）、「世代交代へ新顔どっと」「女性も急増、保守合同後最多総選挙候補者」（一九九〇年二月三日付）、「女性倍増、世襲も健闘 総選挙朝日新聞情勢調査の分析」（一九九〇年二月十六日付）など、以降、女性議員が増加傾向にあることがニュースバリューの一つになり、定期的に報じられるようになりました。

▼第二の時期

第二の時期は、一九九九年六月の男女共同参画社会基本法公布前後から、二〇一〇年代前半あたりまでです。この時期には、第一の軸として、地方議会議員選挙や都道府県知事選での女性候補や女性地方議会議員の誕生に関する記事が目立つようになりました。国政中心だった女性と政治の報道の裾野が広がっていった時期といえます。

例えば、「女性市議、初の千人台 統一選後半投開票」（一九九九年四月二十六日付）、「熊本にも女性知事、全国二人目、自公推薦の潮谷義子氏」（二〇〇〇年四月十七日付）、「自民参院選挙区、在仏女性擁立へ 県連、近く承認（岡山県）」（二〇一〇年二月六日付）、「みんなの党が四十代女性擁立へ 参院愛知選挙区（名古屋）」（二〇一〇年三月十二日付）などです。また、男女共同参画基本法施行後の政治分野への女性の参画を検証する「男女共同参画基本法、女性の進出度は数値目標が威力 内閣府調査」（二〇〇四年八月二十九日付）という記事では、一般社会やスポーツの世界では女性参加の増加がみられたにもかかわらず、国会議員は「低落」傾向にあるとし、「九九年時点の五・〇%から、〇〇年総選挙で七・五%に上昇。しかし、〇三年の選挙では七・一%に減少。列国議会同盟の国際的な女性議員比率番付で、韓国などがクオータ制（割当制）導入で順位を大幅に上げたのに比べ、日本は百七十七カ国中百三十六位と極めて低い状況だ」と報じています。

第二の軸は、二〇〇一年から〇六年までにわたる小泉政権時代と〇九年から一二年までの民主党政権下です。「小沢ガールズ」と呼ばれた女性議員の増加に関する報道によって、女性議員や女性候補者に関するニュースは増加しました。小泉純一郎首相（当時）が党本部で武部勤幹事長（当時）ら役員と協議し、すべての比例代表で女性候補を一位にする考えを示したことを報じる「自民の比例一位、「すべて女性」方針　一次公認も発表　総選挙」（二〇〇五年八月十四日付）という記事もあります。またその後、女性の当選が四十三人になったことなども取り上げられています。さらに、〇九年には「女性議員最多に　新顔全議員の三分の一」（二〇〇九年八月三十一日付）の記事があり、女性の当選者数は過去最多の五十四人になったと報じています。

▼第三の時期

第三の時期は、二〇一二年の第二次安倍晋三政権以降、女性たちが「輝く」ことが称揚されるようになった時期から一八年の「候補者男女均等法成立」を経て現在にまでいたる期間で、今後もしばらく続いていく潮流となるでしょう。この時期を象徴する記事は、以下のとおりです。

第一の軸は、女性議員を「イロモノ」としてまなざす視線への反省です。「「ガールズ」への視線」（二〇一五年五月六日付）という記事では、「マドンナ、ガールズ……。（略）自民の野田聖子氏（54）による「女性であることで軽く見られる。政策より顔や容姿で判断される」」という発言を引用しながら、一九八〇年代半ばから二〇一〇年代まで女性議員に対して公然と使われてきた性別に基づく差別的な呼称（マドンナ、ガールズ）について反省的に振り返る姿勢を示しています。

第二の軸は、長らく女性議員や女性候補者を苦しめてきたセクシュアル・ハラスメントの問題が、ようやくニュースとして「価値」をもちはじめた点です。例えば、「日本の衆院八・一％　最低水準」（二〇一四年九月七日付）は、列国議会同盟による下院議員の女性の割合ランキングで日本は百八十八カ国中百六十二位であると指摘し、「女性の政治進出を阻む壁はある。例えば、都議会ヤジのような女性政治家へのセクハラ的言動だ。民主党の菊田真紀子衆議院議員（44）は、「当選する前は、選挙活動中に男性が体を平気で触ってきた。どうかわすか悩んだ」という」と報じています。二〇一九年三月二十六日には、「セクハラ　女性議員苦悩」という見出しの記事も掲載され、それまで女性と政治の問題を論じる記事の片隅で女性議員の声として紹介されるにとどまってきた政治活動に取り組む女性たちのセクハラ被害について大きく論じています。セクハラは、同僚議員によるものだけでなく、支援者として近くにいる有権者からの被害や、SNS上での活動報告への執拗なつきまといなども含まれると紹介されています。一九年四月二十四日には、東京地域報道部・三島あずさ記者による「女性議員へのハラスメント「珍しい存在」でなくなれば」という論考が掲載されました。地方統一選前、四年前に初当選した女性議員五百四十四人を対象におこなったアンケートの結果、四人に一人がセクハラを受けたことがあり、加害者が議員であるケースが五〇％、有権者からの被害が四〇％だったと報告しています。

第三の軸は、女性議員が増えないことをただ嘆くばかりだったそれまでの報道から一転、社会構造や制度に着目して問題を明らかにし、その具体的対策を考えようとする枠組みの登場です。例えば、「女性議員増機運あれど」「女性参政権七十年　なお比率低迷」（二〇一六年五月七日付）のような記事は、これまでにも繰り返し紙面に掲載されてきました。「背景には、選挙をめぐる構造的な要因がある」と分析し、①選挙区事情、現職が男性ばかりで差し替えが難しい、②国会議員の供給源である地方議員や議員秘書、官僚や労組の職に女性が少ない、③家事や育児、介護の負担がいまだ女性にのしかかり両立が困難であること、という具体的で構造的な問題点を指摘しています。特に、「地方議員や議員秘書」もしくは管理職など、より日常に近い層の組織に女性が少ないことに着目し、衆参議員の女性比率の低迷を論じている点は重要です。同種の記事としてほかにも、「衆院 女性一割の「天井」」「今回当選四十七人 世界でも低水準」、「政治と育児 両立苦心」（二〇一七年十月二十五日付）、社説で「地域の自治組織が男性だけの意思で動いていること」（二〇一九年三月十三日付）など、この時期まで新聞報道に存在していなかった視点から、ジェンダーと政治の問題を論じるようになりました。

第三の軸の流れを受けて成立したのが、二〇一八年の候補者男女均等法です。「候補者男女均等法案きょう成立」「男性が大半の政界 変われるか」（二〇一八年五月十六日付）という記事は、内閣府が一七年秋に女性地方議員四千人あまりを対象におこなった調査について報じ、女性議員が少ない要因として、①家庭生活との両立の困難さ、②家族や周囲の理解を得にくい、③政治は男性がおこなうものという固定的な考えが強い、の三点を挙げる回答者が多かったと紹介しています。また、議員になってからも男性からいやがらせを受ける、子育て（の手抜き）について心配されるなど、性別に基づく偏見や差別の被害にあっているケースが多くあることが明らかにされました。その後、一九年四月の地方統一選、七月の参院選の時期には、それまでとは異なり、過去最多の女性候補者の様子を報じる記事が数多く掲載されるようになりました。

▼女性議員の経歴

ここまで選挙報道や女性議員に関わるニュース記事を中心に、その恒常的な変化をみてきました。新聞報道は確かに変化を遂げてきましたが、女性議員そのものを新聞が描き出そうとする際、そこにはいまだ限界があることを指摘しておきたいと考えています。実は女性議員の表象について改善の歴史を見いだそうと試みたものの、一九八五年前後から現在まで取り上げられる基準に大きな変化はみられませんでした。この間、全国紙に女性の政治家として、国会議員や大臣になった女性の発言やインタビューしか登場していませんでした。これらの女性たちはどこか特別な、手の届かない存在です。女性議員であっても政党を問わず政治家の二世や三世は多いですし、たたき上げというよりは高学歴の、もしくはハイキャリアや専門職からの転身が多い（特にアナウンサーやタレント、弁護士出身者が多い）のです。

女性議員に確かにそのような経歴の持ち主が多いので、メディアの報道はそのことを反映しているだけともいえます。しかし、メディアがこのようなイメージばかりを集中して報じると、女性議員になるのは特別な女性だというイメージが強化され、政治のプレーヤーとして女性たちが飛び込んでいく際には、「自分には参画できない世界なのではないか」と二の足を踏ませるものとして機能してしまう可能性もあります。

駆け足になりましたが、女性と政治に関するニュースを通時的にみてわかったのは、法改正などのトップダウンで女性の政治参加を促すことは必要条件ではあるものの、決して十分条件にはなりえないということです。女性政治家の比率が増えない背景には、「政治」単体の問題以上に、私たちの社会と文化に根差したジェンダー格差や女性間の格差の問題が横たわっているためです。

2 ポピュラー文化と女性リーダーの表象

「政治とジェンダー」というテーマについて考える際に、私たちが抱くイメージや世界観に大きな影響を与えてきたある重要な領域がこれまでなおざりにされてきました。その領域とは、映画やドラマ、小説や漫画など、ポピュラー文化の領域です。これらは、マスメディアのニュース報道以上に私たちの日常にあふれているにもかかわらず、これまで政治学的な観点から真剣に顧みられることはありませんでした。

とはいえ、政治的な視点からのポピュラー文化領域の調査研究が皆無であることを意味するものではありません。海外のメディア文化研究やカルチュラル・スタディーズの研究には、むしろ日常的でポピュラーな生活圏でどのように政治的なものの表象がなされているか、ということを重視するものが数多くあります。

一例を挙げるなら、「オバマ大統領は人種問題に関心がない真空地帯から突然、誕生したのだろうか」と考えてみることは重要です。というのも、黒人（男性）の大統領がアメリカ合衆国を率いるという視覚的イメージは、バラク・オバマ政権が誕生するはるか以前から、アメリカで制作される数々の映画やドラマを通じて、アメリカの民衆だけでなく、世界中の人々が目撃してきた一つの明確な「イメージ」でした。私たちは、文化的にコード化された一連のファンタジーと接触しつづけながら、自分たちの価値観や世界の解釈を生産していきます。したがって、物語や映像を通じたフィクションや、メディアに表象されるイメージの連鎖のなかで何がどのように描かれているのかは、「誰がどのように統治するのか」をめぐっても非常に重要な影響力をもつようになると考えられます。

例えば、キーファー・サザーランド演じるジャック・バウアーがCTUという架空の政府機関に勤務し（ないしは協力体制を取り）ながら、アメリカへのテロ対策のために戦い続ける『24 TWENTY FOUR』という人気テレビドラマ作品がありました。二〇〇一年十一月からアメリカで放映されると瞬く間に世界中で大人気になったこのドラマの世界では、アフリカ系アメリカ人男性の合衆国大統領が登場します。黒人俳優のデニス・ヘイスバートが演じるデイビッド・パーマー大統領は合衆国「初の黒人大統領」という設定であり、有能かつ高潔、カリスマ性を備えた理想的な政治家で、主人公であるジャック・バウアーを常に背後から支える人物として描かれていました。

それより少し前、一九九八年に公開されたハリウッド映画の人気作『ディープ・インパクト』(監督:ミミ・レダー)にも、黒人大統領は登場していました。モーガン・フリーマンが演じるトム・ベック大統領は、合衆国の国民が信頼を寄せる理想の大統領として登場し、物語の最後まで人々を導く存在として描かれました。これらのイメージは、映画館やテレビのチャンネル、DVDのパッケージを通じてアメリカだけでなく全世界に広がり、私たちの脳内に残像として滞留しつづけたのではないでしょうか。

他方で、私たちは「黒人大統領」の表象を蓄積してきたのと同じように、ポピュラーな領域での女性政治家や女性リーダーの理想的なイメージを蓄積してきたでしょうか。もちろん、実在する女性政治家をモデルにした映画やドラマは制作されています。これらは、過去の、もしくは現在の実際に存在している女性政治家の自伝的な作品であり、どちらかといえばリアルであることを目指しながら制作されたドキュメンタリー的な映画です(『マーガレット・サッチャー 鉄の女の涙』〔監督:フィリダ・ロイド、二〇一一年〕や『The Lady アウンサンスーチー ひき裂かれた愛』〔監督:リュック・ベッソン、二〇一一年〕など)。

完全なフィクション作品としては、『24 TWENTY FOUR』のシーズン7(二〇〇九年)に、アメリカ合衆国初の女性大統領としてチェリー・ジョーンズが演じたアリソン・テイラー大統領が登場しています。女性初の大統領という設定の彼女は、しかし、家族が危険にさらされると非常に感情的に振る舞うようになり、自分自身の立場を忘れて国家の利益よりも家族を優先して助けようとする人物として描かれていて、先の黒人男性の大統領とは対照的です。ここには、「男性＝理性的、客観的」「女性＝感情的、主観的」というお決まりの偏見が見事に再生産されています。

それでは、日本の代表的なポピュラー文化であるテレビドラマや映画の世界で、女性政治家のイメージはどのように描き出されているでしょうか。日本のポピュラーな映像作品のなかでリーダー女性が描かれることはそれほど多くありませんが、ＳＦ映画やドラマなどには、女性の政治家や統治者が登場するものもあります。

アニメ作品では、神山健治監督による『攻殻機動隊 S.A.C. 2nd GIG』（日本テレビ系列、二〇〇四―〇五年）に、茅葺よう子という日本憲政史上初という設定の女性首相が登場します。マーガレット・サッチャーなどをモデルにしているためか、彼女は非常に保守反動的な思想の持ち主です。その一方で孤立と気弱さをあらわにする人物として造形されていて、有能ではあるが理想的な人物としては描かれていませんでした。

庵野秀明監督作品で人気を博した『シン・ゴジラ』（二〇一六年）には、二人の女性政治家が登場します。一人は余貴美子が演じた防衛大臣の花森麗子であり、もう一人は石原さとみが演じたアメリカ合衆国大統領の特使として来日するカヨコ・アン・パタースンという日系三世の女性です。どちらの女性も非常に有能なエリート女性として描かれながらも、花森はゴジラ追撃作戦に失敗すると感情を激しくあらわにしますし、カヨコも自尊心と自己愛が強く、わがままな「お嬢さん」として描かれていて、やはり理想的なリーダー像からは程遠いといえます。

二〇一七年にはフジテレビの「月９」枠で地方議会を真正面から取り上げた『民衆の敵～世の中、おかしくないですか⁉～』が放映されました。このドラマは、篠原涼子演じる「高校中退」「既婚女性」という設定の佐藤智子という主人公が千葉市をモデルにしたあおば市という架空の市議会議員に立候補し、奮闘する姿を描いています。ちなみにあおば市には、『シン・ゴジラ』で防衛大臣を演じた余貴美子演じる河原田晶子という女性の市長がいるという設定でした。このドラマは、高学歴ではなく、社会階層もさほど高くはない「ごく普通の主婦」が、育児や非正規雇用というごく身近な問題について取り上げ、地方議会の場で声を上げていく物語で、新たな女性政治家のイメージを提起するものでした。しかし、日本の視聴者に好意的に受け入れられることはなく、残念ながら視聴率は振るいませんでした。

ヒットしなかった要因はいくつも考えられますが、「ごく普通の主婦」が政治を志すというプロットが受け入れられなかった背景には、先にみたニュース報道での女性政治家のイメージや、エンターテインメントがこれまで提供してきた女性リーダー像との乖離があると想像してみるのも面白いでしょう。

日本に限らず海外でも、女性リーダーの設定として多く用いられてきたのは、民主的な手法で選出された女性ではなく、生まれながらの統治者である「姫」のようなポジションの女性たちです。男性のヒーローたちが、身分の高低、学歴の高低、さまざまな階級、人種の多様性など多種多様な出自をもつのに比べて、特別な生まれの、特別な身分の、特別な女性だけに女性リーダーの地位に就くことを許す、もしくは地位に就くことを好む、という私たちの欲望は、現在制作されるポピュラーな作品にも大きな影響を与えています。

こうした強固な欲望はおそらく、女性の政治家が現実の世界になかなか増えていかない理由の一つになっているのではないでしょうか。確かに、『アナと雪の女王』（監督：クリス・バック／ジェニファー・リー、二〇一三年）や『ワンダーウーマン』（監督：パティ・ジェンキンス、二〇一七年）などフェミニズムの文脈で肯定的に受容されている人気映画の女性主人公であっても、女性リーダーという観点から見直してみると「生まれながらの姫」であり、リーダーとして統治することが当然な存在として設定されています。女性の政治家が現実に増加し、身近な存在になっている文化圏でさえ、女性のヒーロー（というのはいささか語義矛盾を引き起こす言葉ではありますが）の出自は広がりに欠けています。(7)

こうした観点から逆照射してみると、ポピュラー文化の領域で女性政治家や女性リーダーの表象によって形成されたイメージは、女性たちが気軽に政治の領域へと参入するための資源や、女性と政治の問題を考える際に社会的・文化的な価値観を刷新するものにはいまだなりえていないのかもしれません。

3 「すべての女性たち」が政治の場で活躍できる社会とは

ここまでみてきたように、「政治」を取り巻くイメージ空間での女性表象からわかるのは、より身近で平凡な存在としての女性政治家のイメージが欠落している、もしくはそのようなイメージを私たちがなかなか受け入れようとはしない、ということです。「ごく普通の女性たち」の政治参画を促すために、新たな女性政治家のイメージを早急に形成する必要があります。

ところが、特別な生まれの女性ではなく「ごく普通の主婦」や「ごく普通の働く女性」など、すべての女性たちに政治に参画せよと促すことが政治の場でのジェンダー平等の達成につながるかというと、話はそう簡単ではありません。実は、それと似たような参画を促すかけ声は、すでに盛んに発せられているからです。

安倍政権はアベノミクスの「成長戦略」の軸として、二〇一四年十月に「すべての女性が輝く社会づくり」という取り組みを発表しました。これは、「女性の活躍を阻むあらゆる課題に挑戦し、「すべての女性が輝く社会」を実現[8]するために、就業支援策および指導的地位に占める女性の割合を増加させる取り組み、出産・育児による離職を減少させるための支援策などをまとめたものです。一五年六月には「すべての女性が輝く社会づくり本部」が「女性活躍加速のための重点方針2015」をまとめました[9]。

こうした取り組みに、多くの女性たちが不快感といら立ちを表明しています[10]。主な論調は新自由主義イデオロギーと手を結んだ日本政府が、経済成長という文脈のもとで女性を労働力や人的資本としてしかみていない点を批判するものです。

二〇一〇年代半ば以降、女性の社会進出が望まれ、活躍が促され、門戸も一見すると開かれているかのようになりました。女性活躍推進法の制定は間違いなく、女性たちに「選挙に出よう」「活躍しよう」と促すのに一役買っています。しかしこうした動きは、個人レベルでの応援でしかなく、必ずしも社会制度や構造的な水準での変革を約束するとはかぎりません。それは新自由主義イデオロギーのもとでの女性活躍を叫ぶ――すべての女性が輝く社会へと叫ぶかけ声と交ざり合っているようにもみえます。

こうした応援の声に呼びかけられ、女性たちは、挑戦する精神を身につけ、自己のモニタリングや自分自身による問題解決ができるようになります。そして新しい社会のもとでジェンダー意識が高い生政治的な実践をおこなう主体として集中的に管理されているのです[11]。そして、女性自身の個人的な頑張り、自助努力、きわめてネオリベラリズム的な精神と身体を獲得した者にしかたどり着けない地平へと、政治の領域を追いやる結果になってしまっているのではないでしょうか。しかし、本当に必要なのは、並外れた努力や経歴を得ずとも、日常のなかで出合うさまざまな問題や課題を解決したいと願うごく普通の女性たちが政治家を目指せる社会と文化ではないでしょうか。
冒頭に挙げた筆者の日常的な政治体験から浮かび上がるように、社会や文化と独立して政治の世界が存在しているなどということはありえません。政治の課題はおしなべて、私たちの社会と文化の課題でもあるし、常にそのことを念頭において論じていかなければならないのです。

注

(1)「男女共同参画白書 令和五年版」「男女共同参画局」(https://www.gender.go.jp/about_danjo/whitepaper/r05/zentai/pdfban.html)［二〇二四年八月十三日アクセス］
(2) 三浦まり編著『日本の女性議員――どうすれば増えるのか』(朝日選書)、朝日新聞出版、二〇一六年、五五ページ
(3) 深澤友紀「女性議員を追い詰める「票ハラ」被害が深刻化 その背景は?」「AERAdot.」二〇一九年二月六日(https://dot.asahi.com/aera/2019020500042.html)［二〇一九年九月三十日アクセス］
(4) 吉野孝/今村浩/谷藤悦史編『誰が政治家になるのか――候補者選びの国際比較』早稲田大学出版部、二〇〇一年、一八八―一九二ページ
(5) ポール・ホドキンソン『メディア文化研究への招待――多声性を読み解く理論と視点』土屋武久訳、ミネルヴァ書房、二〇一六年、五ページ
(6) 山口裕司「比較政治学におけるジェンダー的視点(2・完)」、宮崎公立大学紀要編集委員会編「宮崎公立大学人文学部紀要」第十八巻第一号、宮崎公立大学人文学部、二〇一〇年、二二四ページ

（7）ポピュラー文化の領域で描かれる男性政治家と女性政治家の数の比率を数量的に調査することは実証的な研究の観点から非常に興味深いものだが、筆者の調査手法の範疇ではないため、ここではいくつかの作品に言及するにとどめておく。さらに、本章では扱わなかったが、より大衆的なメディア（週刊誌など）での女性政治家への攻撃や、そのイメージを引き下げようとするミソジニーについて通史的に分析してみることは重要な研究になるはずだ。

（8）「すべての女性が輝く社会づくり」「首相官邸」（http://www.kantei.go.jp/jp/headline/josei_link.html）［二〇一六年六月一日アクセス］

（9）「毎日新聞」二〇一五年十二月三十日付

（10）上野千鶴子「安倍政権の女性施策は勘違いばかり――女性に不利な働き方のルールを変更せよ」「論座アーカイブ」二〇一四年十二月十七日付（http://webronza.asahi.com/journalism/articles/2014121000001.html）［二〇一六年四月十五日アクセス］、谷口真由美「論点 消費増税 再び延期「14年衆院選なんやった」」「毎日新聞」二〇一六年六月一日付

（11）Angela McRobbie, *The Aftermath of Feminism: Gender, Culture and Social Change*, SAGE, 2009, pp. 59-60.

［付記］本章は二〇二〇年に発表した「女性政治家のイメージから政治の場でのジェンダー平等の可能性を考えてみる」（国立女性教育会館編「NWEC実践研究」第十号、国立女性教育会館）の内容をもとに、大幅に加筆・修正したものである。

第5章

政治家にとって対話とは何か？

――杉並区長・岸本聡子インタビュー

岸本聡子
聞き手：永井玲衣／荻上チキ

図1　中央下が岸本聡子氏

▼選挙だけではない「市民的な行動」とは

荻上チキ　ここからは、永井玲衣さんと一緒に、杉並区長の岸本聡子さんにインタビューしたいと思います。

市民と政治との距離感をどう近づけるのか。そのことがしばしば課題として語られます。もちろん市民は、生きているだけで市民で、なおかつ何をしても、何をしなくても政治的であるはずです。他方で、一般的に政治的行動とは、選挙にいく、応援する、陳情する、署名する、寄付する、デモに参加するといった行動が連想されやすく、これらのアクションには縁遠い方も多いでしょう。市民と政治との間にある距離感のなかには、市民的行動への距離感も含まれている。

私は杉並区に長く住んでいました。なので個人の体感として語ると、二〇二二年の杉並区長選挙のときは、いままでに見たことがない光景が広がっていました。杉並区の駅や広場には、普段からかなり人が集まっていて、選挙演説のときも人が立ち止まったり、たくさん集まったりするということ自体は珍しくありません。ただ、候補者や応援者の顔ぶれがこれまでと異なるジェンダーバランスであること、それから、杉並区長選挙では市民と市民的行動と候補者の距離がものすごく近かったという印象があります。市民セクターからの応援の熱量も高いと感じました。

うかがいたいのは、岸本さんが区長選に出るにあたって市民セクターとどういうコミュニケーションをしたのか。それからその市民セクターのいろんなアクションが実際にその後の政治にどのような影響を与えているのか、ということです。

岸本聡子　市民的行動と選挙はとても重要ですね。杉並区では候補者が誰かにかかわらず、市民的な行動をしている人たちの緩やかな集まりがあり、その人たちが議論を重ね、政治に要求したいものから発展した政策的なものが言葉になっているということです。杉並区だけではなく、普遍的な経験にしていくべきだろうと思っています。こういった市民のコレクティブ（集合的）な言葉がのちに市民と候補者との政策合意に発展していきます。このようなプロセスがなかったら私のような、よその人が候補者になることはできなかった。杉並では市民的な行動の一つの形である言葉は市民が数年をかけて作り上げていたわけですが、これがあってはじめて、候補者選びとなり、私と出会い、最終的に私と合意ができたと思っています。この集合的な言葉をもとにするというのが私たちの選挙のやり方でした。これはとりもなおさず、自分がいままでヨーロッパで見てきたいわゆる地域主権的なミュニシパリズムの新しい政治のやり方に近かったんですね。

荻上　杉並区の場合は、候補者を立てる前から市民運動が盛んで、なおかつつながりもあったということですね。要求や課題点もかなり練られていたのですか？

岸本　相当具体的な形になっていました。それがなんで可能だったかというと、福祉や教育や都市開発などさまざまな分野で地域活動をしている市民が疑問に思ったり、困難に直面する経験が蓄積されていった。疑問に思うものって、人によって違いますよね。例えば、児童館が廃止になることを疑問に思う人、新しく大きな道路ができたら商店街はどうなっちゃうんだろうって思う人、そういう自分の身の回りで疑問に思うことは人それぞれにあって、心配とか怒りとかも人それぞれです。また、自分たちの困りごとから市民的な要求を重ねて保育園や学童保育を行政と一緒に作り上げてきたり、自校式の給食を守ったり、自負というか市民的プライドというか、そういう市民の自治の記憶の層が杉並区には土壌のようにしてあるんです。でもそれがないもののように無視されたり軽視されたりする経験が重なって、悲しみや怒りが時間をかけて言葉になって、選挙の争点として浮かび上がってきた部分もあったと思います。

荻上　岸本さんの杉並区長選挙を追ったドキュメンタリー映画『〇月〇日、区長になる女。』(監督：ペヤンヌマキ、二〇二四年)でもそうした場面が描かれていますが、あらためて杉並区でどんな政策合意がおこなわれて、どういった選挙戦だったのかを振り返っていただけますか?

岸本　政策の要求はまちづくり、商店街、子どもの権利、ケア、非正規労働、情報公開、気候変動など、非常に多岐にわたる包括的なものでした。具体的でありながらそこに通貫する理念は、一言でいえば自治に基づく民主主義といえるもので、とても明確でした。そのなかで特に具体性があったのは、公共施設の未来をどうするかということでした。公共施設はさまざまありますが、子どもたちが集う児童館や、高齢者が集う施設、市民的行動の拠点となる集会所もそうです。公共施設には学校や図書館、スポーツ施設も入るので、公共施設のありようは地方自治体にとって大きなテーマです。これから人口が減少していくなかで、区の財政の持続可能性、効率性を考えながら公共施設のあり方を模索していくというのが行政課題として設定されているわけですが、そこに対して杉並区民は児童福祉、高齢者福祉、自治の場としての公共施設を民主的に運営したいという要求がありました。

もう一つはまちづくりです。東京は都市計画道路の構想がありますが、都市計画法などの法令や手続きを守っているとはいえ、パターナルで上意下達的な構造です。近年ではデベロッパーが主導する都市計画や再開発も盛んで、そこには住民を含めたステークホルダーの民主的な合意形成や参画の視点が欠落しているように思えます。杉並区は古くからある商店街や個人店、小さな通りが多く、都心とは違う風景が街の景観や文化を作っています。最近では、歩行者を中心にデザインされたウオーカブルシティーという言葉もありますが、杉並区は結果としてそうなっているというか、ちょっと外に出れば買い物ができたり、立ち話をしたり、銭湯があったりする街です。交通の安全性や防災の必要性もあるので、単純にこのままでいいというわけではありませんが、そういう「懐かしさ」を多くの住人が愛しているし、それを作ってきたという自負もある。そこに何十年も前に決まった都市計画道路というのが、「決まったから」という理由で上から下りてくることに対する大きな違和感があったと思います。選挙の争点として大きかったのが、この公共施設と都市計画道路についてですね。

荻上　この公共施設と再開発の話はセットになっていますね。ＪＲ阿佐ヶ谷駅から高円寺駅の駅間では新たな動線ができる再開発によってにぎわって、フェア、フェス、バザーなどで活気が可視化された印象があります。一方で、再開発の議論が出てくるたびにこの風土が失われるのでは、施設移転で不便になるのではという心配の声も上がります。利用率などだけでなく、象徴やコミュニティーになっている風土というものもあり、また周辺の地域の方の権利の話もあります。その調整が問われる事案が多いと思うのですが、この点はいかがですか？

岸本　本来、政治や行政は市民のそれぞれの権利や要求に百パーセント応えることではなくて、いちばん困っている人が最初に救済されて、そうじゃないところはみんなで話し合いながら優先順位を決めていこうっていうのが政治だと思っています。そういう自治の回路が小さくなっていて、個人と行政みたいな関係になりがちです。地方自治の現場はさまざまな利害を調整して、大まかな合意を作るために汗をかくことだと思っています。

▼市民と政治が対話をするということ、またその先へ進むために必要なもの

永井玲衣　ドキュメンタリー映画のなかで、岸本さんが「要求と政策は違う」と何度か繰り返すシーンがすごく印象的でした。これまでのお話も、政策は誰かが一人で突っ走ってやるのではなく、いろんな人と作り上げていって、対話とともに育てていくということだと思いますが、岸本さんが映画のなかで「要求と政策は違う」とおっしゃっていた意図はどこにあるんでしょうか。

岸本　あのシーンが「いちばん印象に残った」って言っている人が多いんですよね。映画では映っていないですけど、あそこにはB4サイズの紙があって、私を擁立した「住民思いの杉並区長をつくる会」がまとめ上げた問題意識、理念、要求、政策がテーマごとにまとめられていました。それをもとにして私の公約「さとこビジョン」は、こうした言葉をいわば翻訳、トランスレーションして、政策として落とし込んでいったんです。この翻訳に対して、「つくる会」のメンバーのなかには違和感をもつ人もいた。自分たちが作ったものがそのまま公約になると思っていた方たちも多くいて、違和感があったのだと思います。極度の時間との闘いのなかでの準備でしたし、私とメンバーは長年の交友関係があるわけでもなく、コミュニケーション

の時間が圧倒的に限られているなかで、みんな苦しかった。あのシーンはそういう思いが表出した場面だったと思います。

特定の要求にフォーカスするというのは、一議員の立場だったらいいと思います。いろんな専門性をもった議員がたくさんいて、それが合わさって議会ができるので。でも首長は違う。首長には予算編成権があり、住んでいる人たちにあまねく公正で平等な政策を指向しなければいけない。それでも自分が目指している社会の方向に導いていくために、どのようにリーダーシップを発揮するか。ここは非常に難しいところです。

支援者の要求だけを実現するのが首長ではないということです。それまで声が届かなかった、私に投票しなかった、あるいは投票にいかなかった人たちの声も聴いていくのが私の仕事ということです。

永井 やっぱり「聴く」という言葉が最初に出てくるのがとても対話的だなと思いました。私も対話の場をよく開きますが、対話は「話し合い」と言い換えられることが多いです。でも、まずは「聴き合い」だと私は表現するんです。対話も政治も、その場をリードする偉い人がドンといて、そこに参加者が追随していくという印象をもっている人が多いなか、岸本さんは、まず市民の声を「聴く」、そこから始まるのがとても新しく感じました。岸本さんにとって対話するうえで気をつけていること、中心にあるものってなんでしょうか。

岸本 「対話から始まる みんなの杉並」というメッセージを前面に出していますが、対話の対極ってなんだろうって考えると、例えば沖縄の、辺野古の新基地建設における国の代執行だと思います。米軍の普天間飛行場の辺野古への移設計画に対して、県の同意がないままに国による代執行がありました。沖縄県民が選挙で民意を示し、さまざまな市民的行動や努力をして、その結果、辺野古新基地建設の賛否を問う県民投票で七割以上の人が反対した。県民の声、社会的な合意をもって、仮に基地が日本に必要だということであれば、社会的に公平で、持続可能な形で、いろいろな方向性も含めて話し合おうと、玉城デニー県知事は国と対話をしようとした。一緒に解決策を見つけていきたいから。でもこうした対話の姿勢を封殺したのが代執行です。国のトップがこういうことをすると、多くの人たちはこれが正しい姿なんじゃないかって、意識的にせよ、無意識にせよ思ってしまいますよね。そこに強い危惧を感じています。

一方で「聴く」ということについてですが、街頭で出会う人の思いや考えを聴いたり、つらかったり、楽しかったりすることを聴くことは、それだけでお互いが力を得られて、とても意味があったと思っています。生活していて感じるモヤモヤを表現する場所を作るのはまさに市民的行動の最初のステップですよね。ただ、そこで終わってはいけないとも思っています。

生活者のモヤモヤが共有されて地域の人と出会ったり、地域課題や公共政策につながっている、面白いと思って関与したいとなったときに人は力を得ると思います。それで、地方政治は何をできるかですが、就任してから課題を整理し、課題別や地域別にさまざまな対話の場を作ってきました。さまざまな立場や考えが違う人が出会う対話の土俵には何よりも十分で正確な情報が必要です。例えば道路拡幅とか治水事業とかのインフラの話ですと、ものにもよりますけどそこに関する計画や情報をもっているのは、行政です。情報を開示して、住民が共通の情報をもっていることが重要で、そのうえで目的や方法について対話をして、自分(たち)はどうしたいのかを考える。情報がないと自分以外の視点を考えられないし、憶測や不信を招きます。共通の情報をもった行政とさまざまな個人が意見を交わすことで、個人的な意見が影響を与え合い、大切にしたいこと(価値)を長期的・多角的に考え始めることができる。情報が共有されて、そのうえで学習が必要なのです。そうやって「聴き合い」をしていると、人って最初の意見からは変わっていくこともよくありますよね。それって楽しいことでもあると思うんです。多くの人が納得できる大まかな合意を作る。こういうプロセスをずっと続けていく。これが対話がある社会だと思います。

永井　議論するときにはどうしても、確固たる主体が明確な主張をもっていて、それをぶつけあって競争しあうイメージがありますよね。そうすると、どちらかが妥協するモデルになりがちですけど、変容することを大事にすることは、その妥協ではない地点を目指すことだと感じたのですが、それが社会的な合意形成につながっていくということでしょうか。

岸本　そうですね。対話による変容で多くの人が納得する解が見えてくる。例えば、杉並区では善福寺川上流の水害対策として地下に巨大な調節池を作る計画があります。これには膨大なお金と時間がかかりますが、住んでいる人たちが十分な情報をもって、それが合理的な未来なのかどうかを考える機会さえ与えられないということがとてもおかしいと思います。行政は地域の大きな事業について対話するための公平で安全な場を作らなければならない。それは行政ができることだし、そこから地域主権が始まります。情報が随時共有され、対話の進化が蓄積されて、あとから参加する人でもどういう議論がされているのかがわかる情報インフラが必要だと思います。デジタルのコミュニケーションが民主主義と親和性が高いのは、双方向的なコミュニケーションが可能だからです。

▼対話によって政治と市民が一緒に育っていく

荻上　先ほどの話に戻ると、多くの市民からの要求に対してそれを政策化していくプロセスが必要であると。

それを岸本さんは翻訳、トランスレーションという。一方、もしかしたら、要望していた人には「差分」ととらえられることもあるでしょう。つまり、正当な主張が不当に削られたと。そこを調整していく過程はとても重要だと思います。

例えば「外国人に優しい社会を」という理念を掲げた際に、では区報や災害情報を何言語で配布して、資料は何部ずつ用意して、窓口ではどういった言語のタブレットを置くのか。具体的にやるとなると、さまざまなことを「確定していく」という手続きが必要になります。その段階では、予算、インフラ、環境、そしてこれまでの区政なども含めて、調整と確定をしつづけていくというようなことがあったと思います。そのなかでどうしても、どこかには不満が生まれてしまう。ただそこで、公正感覚が重要になると考えられます。すなわち、「結果には反対かもしれないけど、不当な過程であったとはいえない」という状況を確保することです。区長になられて、住民との相互作用の手応えや反応については、どのように感じられていますか?

岸本　これがまさに要求と政策の違いだと思います。思いを調整し、根拠を示して確定する。地方政治の現場では長期、中期、短期の方針や計画が動いているので、そこに変更を加えるには、なぜ変えなければいけないのか、あるいは新たにやらなくてはいけないのかという論理が必要になります。過去の検証も必要です。最終的には議会で条例や予算として議決を得なくてはいけません。こういう手続きを経ることで、市民との距離が遠くなっていってしまう感覚もあります。これは本当に苦しいところです。これに対する明確な答えはないのですが、私は課題別や地域ごとのさまざまな対話の場所やチャンネルを持ち続けることでこの距離を縮めていきたいのです。

杉並区で選挙の争点でもあった公共施設のあり方を例に挙げましょう。児童福祉施設である児童館、高齢者福祉施設である「ゆうゆう館」などを機能移転させたり複合化して合理的・計画的に再編していく大きな計画をどのように修正するかです。すべてを否定するのではなく、これまでの成果を検証し、課題を整理するのに一年を要しました。そしてわかったことは、課題は区内の各地域には特性があり、課題もさまざまだということ。画一的に行政が合理的だと思う計画を「理解してください」と説明するのではなく、やり方〈プロセス〉を変えることに注目しました。区立保育園や図書館をその場で建て替えれば解体や建築に数年を要し、サービスが提供できなくなります。保育園が数年間閉鎖されてしまっては困ります。「集会施設の部屋が減るではないか！」「水曜の午前中に使いたいのに」というような自分視点の思いが噴出していたのは、住民が自分のことしか考えていない身勝手な存在なのではなく、大きな写真を見ることができる情報や気持ちを表現する場がないからだと思います。行政が十分な情報と課題を共有して、住民が集い、自分の考えを共有したり、人の話を聴きながら、地域の未来や地域づくりという視点で公共施設の配置や機能を行政と一緒に考えていくやり方が今年（二〇二四年）からスタートしました。

荻上　いま「分断の時代」といわれますが、この言葉を使うことに、文脈ごとに躊躇もあります。分断といわれるものの中身が、これまで声を上げられなかった人が声を上げたことを分断といっていたり、意見対立がいけないかのように語るものもあります。まず議会制民主主義は、社会に分断があることを前提としたうえで発明されたものです。違いをまず可視化したうえで対話するということですよね。他方で問題化される分断は、その調整機能の社会的欠如にこそあります。

政治・行政の場において、対立意見の交換がないままに事前の従来案でそのまま進んでしまうと、マイノリティーの意見が届けられないということにもなります。また、決定プロセスの内実がわからないと、敵対したまま攻撃しあう構図が固定化されることにもなります。政治は透明性と相互作用を確保しながら、市民の側にも区政や政治に対する一種の土地勘が必要だと思いました。

岸本　土地勘って面白い言葉ですね。選挙のときに市民と候補者である私の距離感が近かったという話がありましたが、一方で、区役所や議会という制度、インスティテューションのなかに入ったとき、市民の側では「いままでは距離感が近かったはずなのに」という失望があるわけです。

そこは私が区長として成長し、そして有権者、市民も一緒に成長していくしかないのだと思います。市民的行動が圧倒的に欠落した社会のなかで、なんとか頑張っていこうという少数の人たち、支援者たちが今回の区長選挙で主役になりました。でも区長になったいまは私はみんなと同じ立場では言えないこともあります。大切なことはこれまで関わらなかった人たち、声を出さなかった人たちが関われる環境を作って、透明性と多様性があるプロセスをみんなで育てていくことです。そのような対話の成果が政策に反映され、地域社会に戻っていく。だから少しずつ変わっていくし、その変化の一部であることがうれしい、楽しいという人を一人でも増やすことだと思っています。

もう一つ考えなくてはいけないのが、地域社会ではすでにさまざまな自治組織があり、行政や地域づくりに貢献しています。町会、自治会をはじめ、消防団は地域防災に取り組んでいます。それから犯罪をおこなった人の立ち直りを支える保護司会、困りごとを抱える人の支援をする民生委員、子どもたちを支える青少年委員など、国の制度に基づいたいろいろな組織があって、基本的には無償で長年献身的に地域社会に貢献しています。こういった歴史ある組織を行政は頼りにしていて、正当性をもった住民の意見や代表として、行政の審議会、協議会、委員会に参加してもらうわけです。自治組織の負担の多さから、なり手不足や高齢化が共通の課題としてある一方で、行政は住民参加機会の確保の形骸化やパターナリズムに安住しているようにみえることもあります。こういった組織に属さないほとんどの人は蚊帳の外ですし、自律的に市民的行動を起こしている人たちや、若者や忙しい働き手世代や子育て世代、さまざまなマイノリティーの人たち、こういう多様な住民が区政に関わるチャンネルが少ない。私は、地方自治の現場に入ってこのような現状を見たときに、民主主義のアップデート、自治のアップデートが可能だと思いました。既存の組織を支援・強化するためにも、新しい層の参画は必要です。個人の課題意識は多様で、熱量にはグラデーションがあります。行政が意識的に対話の回路を作っていくことで、伝統的な組織で貢献してきた人たちと、個人として地域課題に関わりたい人が出会うことができる。そういう過程のなかに市民社会の成長をみていきたいです。

永井　お話をうかがうほど、いかに日本政治においての「普通」が市民と遠いのかということが逆に照らされていきました。杉並区の選挙では、ある候補者が選挙中の公開討論会を避けたという話がありました。一方で岸本さんはそれを切望していた。公開討論会は候補者同士が何を話すかということだけではなくて、その姿を見せることで市民の側ににじり寄るものだと思うのですが、選挙における公開討論会をどう思っていますか？

岸本　公開討論会が一般的ではないということがまず信じられなかった。公開討論会以外に何をもって有権者は政策を判断できるんだろうって思います。有権者からすると、候補者のチラシに書いてあることはほとんどみんな同じで、いいことしか書かれていないように見えますよね。私も含めて。そういうなかで公開討論会は、自分が言いたいことじゃなくて聞かれたことに答えます。内容だけではなく、その態度とか、人となりとか、言い方とか、本当に何をやろうとしてるのか、それが見えるところに意味があるわけです。単に、この人は地域でいつも頑張ってるよね、若くて元気ありそうだよね、とにかく女性がいいよね、とかそういう表面的なことじゃなくて、政策討論による判断を有権者がさせてもらっていないことに、政治的な傲慢を感じます。有権者を軽んじている政治の表れです。

おそらく日本の選挙に魅力がないのは、有権者に対して誠実に公開討論をやっていないからだと思う。地方に行くと、車社会で駅もなく、人がいないから街宣もしないし、いわゆる支援団体を回り票を固めるドブ板選挙だけをやっていれば勝てるという状況だと聞きました。それは有権者にとってはとても失礼な話だし、選挙にいこうと思わないのは当然だと思います。

永井　本当ですね。いま「失礼」という言葉がありましたが、有権者側も、若くて元気がありそうとか、なんとなく印象で候補者を評価するのもまた失礼だなと思います。有権者の側も、公開討論会の場を候補者に求めたり、政治に参加したりということが、求められていますね。

荻上　本書のほかの章では選挙制度についてふれています。地方選挙だと首長は小選挙区モデルで、誰か一人だけを選びます。議会は大選挙区モデルで、複数の候補者から数人が選ばれます。その異なるモデルのなかで、首長のほうが、よりさまざまなレベルで調整が必要になる。一方で、調整のためには市民も自陣の応援だけではダメで、積極的な参加や対話による納得感を得るための準備が必要ということがすごくクリアに見えてきました。

またデータ分析では、全国レベルだとデータに基づいて有権者も選挙に対する戦略に同意できるかという判断が必要だといわれています。例えば、野党は立憲民主党と共産党が組むと票が伸びるという有権者意識がある。ある種の「共産党アレルギー」はファンタジーだったりする。けれども、さらなる躍進のためにはこの二党だけではダメで、「国民民主党や日本維新の会とも組まないと難しそうだ」となったとき、イデオロギー的に「うーん、あそことは……」みたいな形になりがちです。

地方選挙において、このような国政でやるようなデータ分析とか情勢分析がそもそもされているのかということと、実際に選挙を戦った人としてデータとの付き合い方をどうみていますか？

岸本　国政におけるデータ分析は各政党の立ち位置や戦略を考えるうえで、とても重要ですよね。しかし、選挙を戦う党の戦略を有権者がよしとするかどうかの選挙に限界がある。これだけ無党派層が多いなか、党は有権者と選挙を通じてどういう関係性を作れるか、そこに共感を得られるかが鍵だと私は思っています。

国政政党と少し距離がある地方政治ではなおさらです。私は政党に属していませんし、中立な立場ですが、とにもかくにも投票率を上げることには一貫してこだわっています。選挙にいかなかった人がいくというアクションが、新しい選挙と政治を作るからです。杉並区は区長選と統一地方選挙の時期がずれていることもあって、区長選の投票率が低いんです。私が当選する前の選挙（二〇一八年）の投票率は三二%台。それが前回の区長選で三七%台になり、五ポイント以上上がりました、というか上げました。みんなで。次の統一地方選は区議会議員選挙でしたが、三九%台から四三%台に、四・二ポイント上がりました。この結果、杉並区議会が大きく変わったわけですが、投票率が上がるというのは、これまで二千票を集めれば当選できたところを、二千五百票を取らないと当選できなくなるということです。このたびの区議選で上位当選した十人のうち七人は女性でしたけど、トップ三人の女性は六千票取っているんです。こうなってくると、支持者や業界団体からの支援だけでは必ずしも勝てなくなって、新しい人たちが入ってこられる。新陳代謝が起こるわけです。

新陳代謝はどの組織でも必要で、議会にこそ必要だと思います。議会が住民の代表なのですから、議会の構成員が社会の多様性を反映することをイメージすべきだし目指すべきです。多様性を反映していこうと思ったら投票率をどうしても上げるしかないし、それを全国で展開しないといけない。投票率を上げることに最大の努力をする必要があります。選挙のときに「投票にいこう！」と言っても空虚だと思う有権者がたくさんいます。私が対話の区政を掲げてさまざまな政策を進めるなかでの一つのゴールは、一回でも対話に参加した人たちに次の選挙に「いきたい」「いかなきゃ」って思う人を一人でも増やすこと。選挙と選挙の間を作りたいのです。

永井　変えたいし、私も変わりたいと思いました。今日はありがとうございました。

第6章 私たちはどうやって投票先を決めているのか？

——日本の有権者についてわかっていること、データからわかること

大村華子

はじめに

有権者が国政や地方選挙での投票のときに、どの政党のどの候補者を選ぶかは、重要なことだと考えられてきました。私たちの行政府の長を選び、議会に送り出すための営みだから、という単純な理由からだけではありません。選挙での投票はある選挙のときに一度誰かを選ぶことだけではなく、時間がたった先に何が起こるかが重要だからです。時間の経過に伴って、有権者は代表者のはたらきを評価し、次の選挙でうまく選択をできているのでしょうか。代表者が有権者のためにはたらいていると思うならば再び選び、そう思わないならば、その職から退いてもらう――有権者の一票がその仕組みを担うからこそ、投票選択は民主主義の根幹をなすと考えられてきたのです。

「良い現職（いまの与党、いまの首相、いまの選挙区議員）であれば再び選び、悪い現職であれば制裁として退陣させる」という仕組みがはたらいていることを、政治学の研究者たちはアカウンタビリティーが保たれているといってきました。(1) その仕組みがはたらいていないならば、アカウンタビリティーは保たれていないと考えるのです。アカウンタビリティーというと、みなさんは〝説明責任かな？〟と思うかもしれません。それも正しい理解の一つです。しかし政治学者が、投票に関してアカウンタビリティーという言葉を使うときには、少し異なる意味の場合があり、政治代表に関わるものだ、と知っておいてください。

アカウンタビリティーの成否や良し悪しを考えるために、私たちが投票のときにどのように選択をおこなっているかを知らなくてはなりません。私たちは投票するときにどういう力を発揮できている有権者で、どういう限界を抱えている有権者なのか、それを調べてきたのが投票選択の研究です。投票というと、多い年でも二、三回程度、少ないときには数年に一度しかない、長い人生のなかの限られたシーンにすぎないと思う人もいるでしょう。みなさんのなかには、選択・決定というなら、暮らしのなかの〝ほうれん草が一束いくらか。ひき肉がグラムいくらだったら買うか〟のほうが大事と考え、日々の消費行動に答えを与えてくれる経済学のほうが政治学よりよほど有用だと思う方がいるかもしれません。しかし政治学者たちは、一九四〇年代から八十年以上もかけて、人の一生の限られた選択・決定の局面である投票を掘り下げてきました。そのバックボーンには、暮らしの良し悪しを決めるのは政治であり、ひいては政治に関わる市民の意思決定だという共通認識がありました。

では世界で、日本で、投票選択のメカニズムはどのように解明されてきたのでしょうか。本章では、投票選択の研究が明らかにしてきたことをまとめます。そしてこれまでに集められたデータを使って、日本の有権者の特徴をとらえます。研究からわかっていること、データからわかることを通して、ともすれば自信を失いがちな日本の有権者に向けて、むしろポジティブな実像を示してみたいと思います。

1　私たちの投票は何によって決まっているのか

▼投票行動研究の歴史と発展

投票行動を研究するには、有権者個人のことを知る必要があります。そのために、有権者の情報をたくさん集めなくてはなりません。例えば、中国、韓国、日本の福祉の違いを知りたいと思えば、三カ国の政治体制や歴史的経緯の違いを調べるでしょう。しかし有権者の福祉に対する考え方の違いを知りたいからといって、有権者Xさん、有権者Yさん、有権者Zさんについて調べようとしても、比較のための情報も不十分だし、比較対象を選ぶ基準も適切ではないとわかります。研究者たちは、有権者の多くの情報をうまく比較しながら分析するために、意識調査（survey）によって二千も三千ものデータを集めて分析に利用してきました。またそのデータには、有権者の縮図になっていなければならない、すなわち有権者を適切に代表するデータでなくてはならない、という制約も課されます。全有権者の縮図にするために、高度な技術や労力も投じられてきました。そうして得られたデータを分析したり、データの分析を支える理論を考案したりすることで、投票行動の研究が発展してきたのです。本節では、その研究の発展を振り返ります。研究史の見取り図を図1に示しましたので参考にしてください。

最初の本格的な研究は第二次世界大戦の終盤、いまなお戦禍が続くなかで公刊されました。ポール・F・ラザーズフェルドらによる *The People's Choice*(2) です（図1の①社会学的モデル）。投票選択の最初期の研究であ

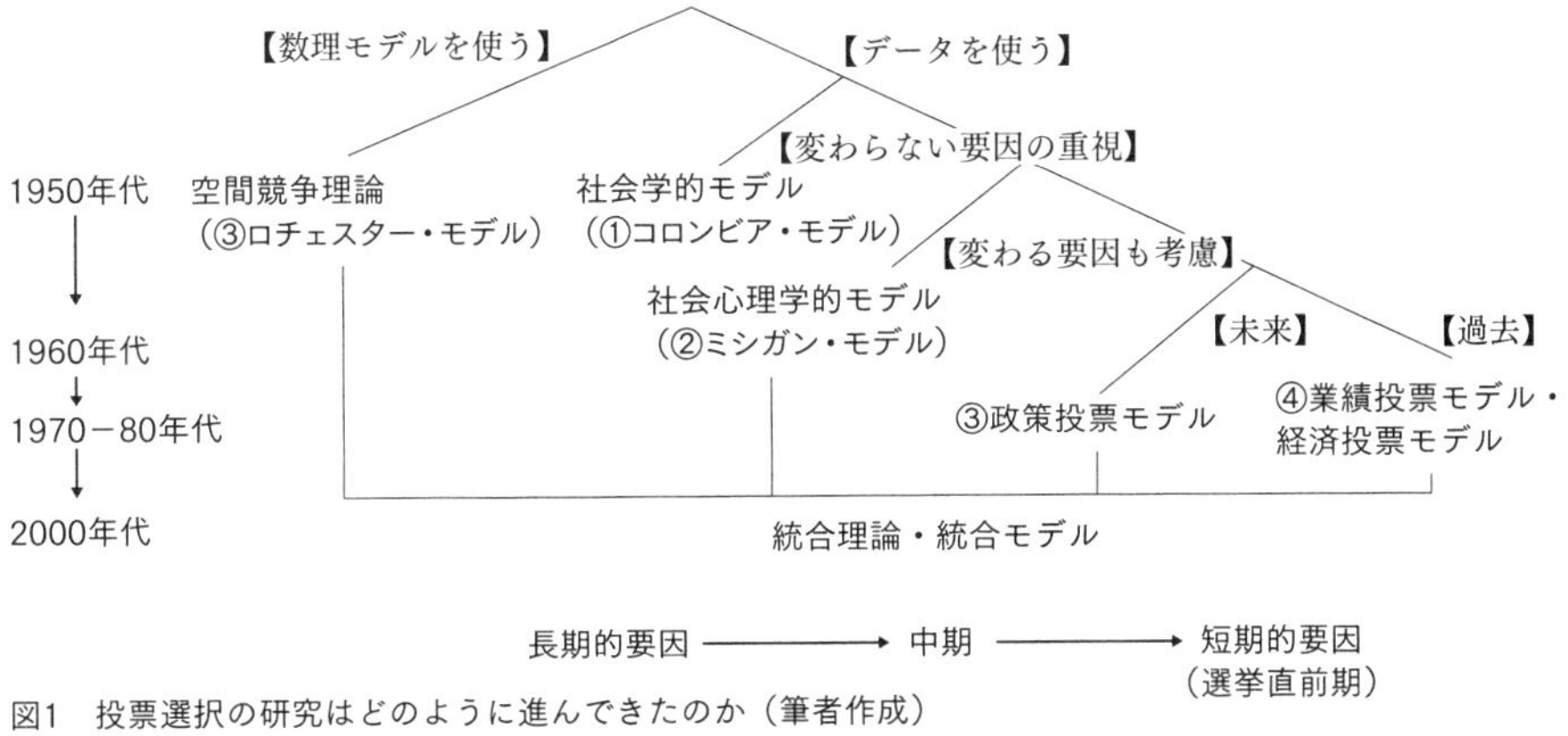

図1　投票選択の研究はどのように進んできたのか(筆者作成)

る *The People's Choice* は、七回にわたる同じ回答者へ調査をおこない、そのデータを分析に用いました。同じ回答者に聞いたことで、実に調査対象者のうち七七%もの人々が両親や祖父母世代と同じ政党に投票している、ということがわかりました。ラザーズフェルドらは、この特徴を「保護のスクリーン(protective screen)」と呼んでいます。保護のスクリーンは、頑迷で惰性に満ちた人間の性《さが》によって生じているのではなく、自らが属する集団内での意見衝突・対立を最小限にしたいという安心感を求めるゆえに生じている、とラザーズフェルドらはいいます。しかし、それでも残りの二三%は態度を変えていました。そこに他者とのコミュニケーションが作用していることを、ラザーズフェルドらは突き止めます。しかしラザーズフェルドらの説明では、選挙戦の時期になってめまぐるしく変化する有権者の心理を、まだ十分に説明できませんでした。

やがてミシガン大学の研究者を中心に、一九四八年から集められたデータをもとにした研究が生まれ、その後の投票行動研究の礎石になりました。アンガス・キャンベルらによる *The American Voter*[3] です(図1の②社会心理学的モデル)。キャンベルらは、有権者の政党への思いを「政党帰属意識(party identification)」として概念化しました。キャンベルらは政党を「個人が肯定的であれ否定的であれ、ある程度の強度をもった識別(identification)を形成しうる集団」[4]と考え、政党に対する長期的に形成された愛着を政党帰属意識としました。そして政党帰属意識のはたらきを「知覚のスクリーン（perceptual screen）」ととらえました。ラザーズフェルドらによる保護のスクリーンと比較してみるといいでしょう。保護のスクリーンも知覚のスクリーンも、自分の考えを異なるものから遮断したり、スクリーンを通して社会を理解しようとしたりする、私たちの特性をよくとらえています。では、〝日本人にとっての政党帰属意識とは何か？〟という疑問も生じてきますので、それについては、次節で考えましょう。

The American Voter は、長い時間をかけて形作られる政党帰属意識だけに注目したのではありません。選挙戦時に飛び交う候補者の情報と政策の情報の影響も考えました。だから *The American Voter* は、主に政党帰属意識としての政党評価、候補者評価、政策評価の三つの要因から、投票選択を説明しようとした研究だと考えられています。

さて、政党評価、候補者評価、政策評価の三要因のうち、私たちにとって、最も扱いが難しいものはどれでしょうか。それは政策評価だといわれています。政党や候補者が語る政策は未来に向けたものです。未来のことなので、それが本当に実行されるかはわかりません。しかも、政策は税制分野一つだけ、とはなりません。財政、金融、商工業、福祉、教育、環境、そして外交・安全保障と多岐にわたります。それら複数の政策分野について、複数の政党が一斉に未来のことを語り始めたら、有権者の多くはお手上げになってしまうでしょう。有権者にとって不確実性がある将来の政策を判断材料とすることは、認知の面でとても負担が大きいことなのです。

この政策に注目した研究も生まれました。アンソニー・ダウンズによる *An Economic Theory of Democracy*[5] という著作に始まる一連の研究です（図1の③政策投票モデルと③空間競争理論）。ダウンズに連なる政策投票の研究者たちは、先の二つの研究のようにデータを使うというより、数理モデルを使いこなしました。数理モデルでは、複数のアクターの目的を仮定し、そのうえで各アクターの効用を定め、お互いの効用のもとに定まる均衡を探ります。初期のモデルでは、モデルの簡便性の追求もあって、現実的には無理がある（?）仮定も置かれました（十以上ある仮定のなかには、政策は一分野だけ、政党は二つだけからなる世界が想定されていました）。そのうえで、政党は真ん中・中位の有権者（median voter）を多く欲し、各党の政策は中道に寄るという均衡が導かれました。政策投票の分析は、先端的な数理モデルのもとに発展し、その実証も進みました。政策の位置が近いほうに投票するか、方向性が同じほうに投票するかを調べる争点投票の分析にもつながっていきました。有権者が政策を判断材料とすることの難しさが、経験的な面からだけでなく、理論的な面からも解明されたのです。

▼経済こそが判断材料の中心

私たちは、将来の日本の経済政策について考えるのが難しいとしても、〝前の選挙のときに比べて、あなたの暮らしは楽になりましたか？　日本の景気はよくなりましたか？〟と聞かれれば、それなりに答えられるのではないでしょうか。有権者は過去のパフォーマンスに関する情報を手がかりにして支持する政党を決めたり、投票先を決めたりしていると考えたのが、業績投票の研究です[6]（図1の④業績投票モデル・経済投票モデル）。有権者にとって、政府のパフォーマンスの中心は、経済のパフォーマンスであるとわかってもらえるでしょう。ですから、業績投票は多くの場合に、経済投票を意味すると考えられてきました。

業績投票・経済投票の研究は、本章の冒頭で述べたアカウンタビリティーとの関係でとても重要です。なぜなら業績を判断することは、私たちにとってのいい政府か悪い政府かを判断することにほかならないからです。経済には、自分たちに身近な暮らしのこと、あまり身近とはいえない国や社会の経済状態のこと、これら二つの側面があります。自分たちに身近な暮らしについての評価を個人志向の経済評価、国や社会の経済についての評価を社会志向の経済評価と呼んで区別しながら、いずれかが、あるいはいずれもが投票選択に与える影響を、研究者たちは調べてきました。(7)

さらに経済業績が、「情報の手がかり」であることについて、よく考えてみなくてはなりません。はたして私たちは、経済業績の情報ならうまくハンドリングできるのでしょうか。有権者は、未来の政策を考えるのが大変なので、過去の業績を手がかりに、難しい意思決定をショートカットしようとしているといいます。なかでも個人志向の経済評価であれば、より身近で使いやすい情報でしょう。社会志向の経済評価であれば、少し難しいかもしれませんが、〝景気はどうですか?〟と聞かれればおおよその回答ができるのかもしれません。経済評価の回答はやや容易な半面、なんらかの情報の短縮を経ているため、やや正確性に欠けるのも事実です。おそらく私たちの経済評価の多くも、なんらかの誤り(error)を免れないでしょう。未来の政策より扱いやすい情報だといっても、過去の経済業績の成否も難易度が高いものです。経済業績を判断するためにも、さらなる情報の手がかりが作用し、情報のショートカットが重なって起こっているのではないか、と考えられるようになりました。

有権者が経済業績を考えるときに、党派性(政党帰属意識、のちにみる政党支持)の影響を受けていることが、近年の研究から次々と明らかになってきています。私たちは、ストレートに経済のパフォーマンスをみるのではなく、知覚のスクリーン、保護のスクリーンとしての党派性を通して評価している、と研究者たちは考えるようになりました。党派性が経済パフォーマンスの評価を決め、投票選択に影響を与えているというプロセスです。私たちの投票選択は、ただ経済業績に基づく単純なものではなく、一段階目の党派性、二段階目の経済パフォーマンスという二段階からなる情報の手がかりに支えられているというのです。このとき、党派性がなんらかの偏りをもたらし、経済のパフォーマンス評価にも偏りが生じるとしたらどうでしょうか。私たちの投票選択は、本来の〝真の姿〟があるとして、そこからずいぶん偏ったものになっているかもしれません。投票行動の研究者たちは、いまその問題に熱心に取り組んでいる最中です。(8)

2 日本の有権者の投票は何によって決まっているのか

海外での研究を受け、日本でも一九六〇年代から投票行動の研究が続いてきました。二〇二〇年代現在で日本の投票行動研究は、六十年以上の伝統をもっていることになります。これはほかの先進民主主義国の研究史と比べて、全く引けを取るものではありません。日本の有権者ならではの特性も、徐々に明らかになってきました。その特性は、日本の有権者が他国の有権者の合理性や政治的な洗練性に比べて決して見劣りしないことを示すものです。重要な発見をまとめておきます。

▼日本の有権者ならではの「幅」とは

三宅一郎はアメリカの政党帰属意識概念を念頭に、日本の政党支持に「幅」があるといっています。[9] 多党制下の日本で、人々にとって支持可能な政党の選択肢は必ずしも一つではなく複数に及びます。三宅は、支持にとどまることが多いけれども、ときに離脱して別の政党の支持へと流れ込む流動性があるというのです。日本の有権者の政党支持はひとたび定まれば固着するものではなく、いわば〝あそび〟があるということです。三宅が政党支持における「幅・あそび」を示したおかげで、日本の有権者の理解が格段に進みました。

第一に、多党制下でありながら自民党一党優位体制が続く日本の政党システムを、有権者の意思決定の視点からよく説明できるようになりました。一党優位体制は不動ではありませんでした。自民党と社会党の勢力が肉薄する保革伯仲期も経て、最終的には五五年体制の終焉にいたります。それを説明するために、「幅」という考え方は有用でした。有権者は幅の間を揺れ動くけれども、一定程度は支持に残留すると考えれば、一党優位体制の安定性・不安定性の両方をうまく説明できます。三宅の研究から四十年たった二〇二〇年代、有権者にとって利用可能な政党数はかなり少ないこと、自民党以外の政党に対して、有権者が求めるものと野党が提供しているものとの間に隔たりがあることも明らかになってきています。[10]

第二に、政党支持が固着化せず流動するということは、日本の有権者には党派性を更新する力があるということです。アメリカの有権者の政党帰属意識が安定していることは、民主主義を支える市民の資質として確かに優れたものでしょう。しかし政党支持の更新は、時々刻々と動く政治状況、場合によっては経済状況などの情報をもとに、人々が合理性、政治的な洗練性を駆使して、そのつど判断していることの証しでもあります。政党支持の流動性と聞くとネガティブな印象をもちますが、新たな情報に対して鋭敏に反応している有権者像でもあるのです。

政党支持という長い時間をかけて形作られる態度であっても、日本の有権者は、それを適宜更新する力をもってきたのだとしましょう。そうすると、どのような情報に有権者は反応してきたのかを知らなくてはなりません。日本の文脈では、経済政策のパフォーマンスに関する情報がとりわけ重要でした。選挙戦の時期はもちろんのこと、そうでない時期であっても、日本の有権者は経済情報に応じて意思決定をしてきたことを多くの研究が明らかにしています。(11)一九八〇年代から九〇年代前半にかけて、日本では、自身の暮らし向きをいいと考える人ほど与党・自民党に投票していたことがわかっています。(12)経済投票の観点からみると、自民党が選ばれてきた基盤に、自らの経済状態がいいと考える有権者層があったということになります。

▼日本の有権者は、実はよくやっている

これを「情報の手がかり」の観点から考えてみます。身近な暮らしの情報のほうが、社会の経済状況よりも扱いやすいでしょう。五五年体制下の有権者は、どちらかというとより手近な情報の手がかりをもとに、投票先を決めていたことを、当時の研究者たちは同時代にあって明らかにしていたわけです。しかし一九九〇年代後半から、研究結果は異なるものになっていきました。日本の有権者が社会志向の経済評価をもとに、現職に投票するか否かを決めていることが徐々にわかってきました。(13)どうやら日本の有権者の経済投票は、九〇年代を境として、個人志向の経済評価を基調にしたものから、社会志向の経済評価を基調にしたものへと変化したようなのです。この点については、次節でデータを使って確認します。

そして日本の経済投票について、もう一つ興味深いことがわかっています。いま世界では党派性の影響のために経済投票が危機に瀕しているといわれているのに対して、日本では明らかに異なる傾向が認められます。アメリカでは、民主党政権であれば、民主党支持者が民主党政権の経済政策を過度に高く評価し、共和党支持者は民主党政権の経済評価を過度に低く評価することが問題視されています。支持する政党の経済パフォーマンスをいいと評価するのは当然のことではないか、と思うかもしれません。しかし実態は、より深刻です。自党派に不利な経済状況に関する情報がもたらされても受け入れないとか、さらには〝経済の情報についてのクイズで正しい答えを言ったらお金をあげる〟といわれても、自党派に不利になる解答はしないという極端なケースが報告されています。[14] また党派性が作用するにとどまらず、そこに感情的なしこりが重なって、有権者を分断する社会の分極化が進んでいます。[15] 社会の分断はアメリカだけに限ったことではなく、多党制が大部分を占める大陸ヨーロッパでも広く観察されるようになってきています。こうした党派性のはたらきによる社会の深刻な分極化が、日本ではあまり起こっていないことをいくつもの研究が明らかにしています。そして日本では、党派性の影響が強まる時期があるとしても、経済評価が政府への支持や現職への投票をなおも決めていることがわかってきました。[16] つまり経済投票という観点から光を当ててみると、〝日本の有権者は、実はよくやっている〟という事実が浮かび上がってきているのです。

3　データを使ったら、どんなことがわかるのか

ここまで、日本の有権者の投票選択について、何がわかっているのかをみてきました。そして〝日本の有権者は、実はよくやっているようだ〟という視点を提起しました。本節では、実際のデータを使って、これが本当なのかを確かめてみましょう。過去から現在にかけて、日本の有権者は政府のことをどのように考えて投票をおこなってきたのでしょうか。前節でみたように、政党支持と経済評価が日本の有権者の投票選択を解き明かすために必要と思われるので、この二つの要因を中心に調べていきます。

図2は「日本人の選挙行動（Japan Election Studies：JES）」というデータを使って、政党支持と経済評価が投票選択にどれぐらい影響を与えてきたのかを描いたものです。データは一九八三年から二〇一九年までの国政選挙時に集められました。衆議院議員総選挙時のデータも、参議院通常選挙時のデータも含まれていますが、すべての選挙のときのデータがそろっているわけではありません。選挙があったけれども、データがない年もあるので注意してください。

図2の縦軸は、政党支持、社会志向の経済評価、個人志向の経済評価がそれぞれ与党に投票することに対して、どれだけの影響を与えていたか、どれだけの効果をもたらしていたかを表しています。その効果の大きさは各点をみればわかります。ゼロから離れて大きい値のところに点があるほど効果が大きいとわかります。多く影響を与えているということです。その見方に従うと、どの年にもいちばん大きな効果をもっていたのは、与党支持だということがわかります。与党を支持する有権者ほど、確かに与党に投票してきたのです。

そして点をつなぐ折れ線に、グレーの帯がついています。この帯は信頼区間といって、どのくらい効果が確かなのかを示しています。信頼区間がゼロにさしかかっていたり、またいでいたりしたら、効果はゼロかもしれないと考えなくてはなりません。その見方に従うと、一九九〇年代から二〇〇〇年代にかけて、社会志向、個人志向の経済評価はともに与党への投票に影響を与えていない時期があったことがわかります。日本で、この四十年間、いつでも経済評価が投票選択に影響してきたわけではないのです。

こうした図の見方を念頭におくと、図2からは、次のようなことがわかってきます。

＊与党支持が、与党への投票に最も影響を与えています。その効果は四十年間にわたっていつも確かで、最大でした。

＊しかし一度だけ、異なる傾向を示した時期があります。二〇一二年の民主党連立政権から自民党連立政権への政権交代が起こったときの衆院選です。この選挙では、民主党を支持していた人が民主党には投票せず、野党だった自民党を支持していた人が自民党に投票したと考えられます。その結果、与党支持の効果がマイナスになっています。

＊最大の効果をもつ与党支持ですが、その効果は五五年体制下では安定していたものの、一九九〇年代以降どちらかというとよく変化するようになってきています。

＊経済評価は一九九〇年代から二〇〇〇年代初頭にかけて、与党への投票に影響を与えていないようです。しかしそれ以外の時期に、経済評価の効果は確かに認められます。

＊一九八〇年代のデータは一回分しかありませんが、個人志向の経済評価の効果のほうが、社会志向のものより大きいとわかります。九〇年代から二〇〇〇年代初頭にかけては経済評価の効果（経済投票）が不在の時期になりますが、〇〇年代半ば以降、ごく一部の時期を除いて社会志向の経済評価の効果のほうが大きく

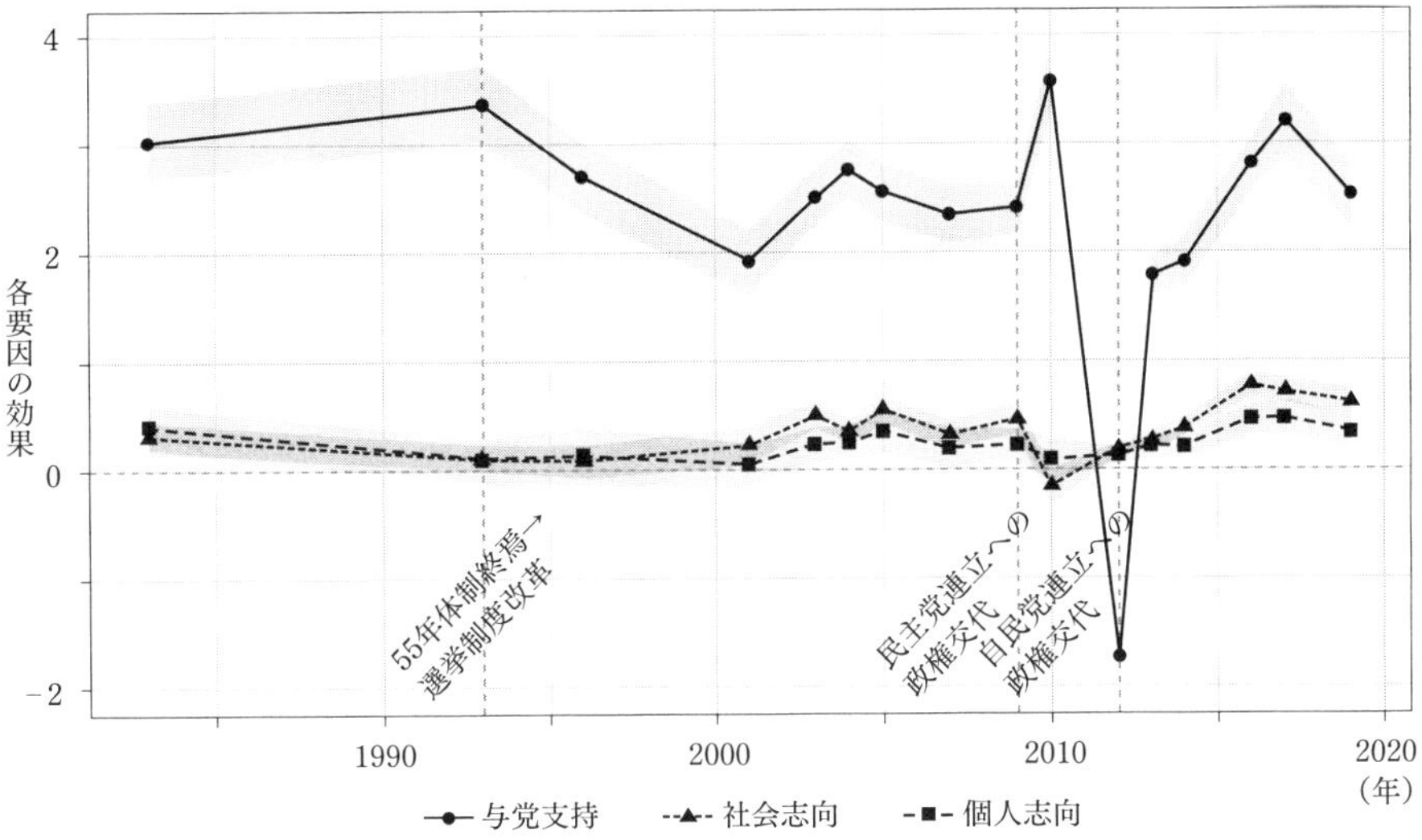

図2　政党支持、各種経済評価は与党への投票にどれだけ影響を与えてきたのか
注：データは JESII から JESVI までのデータを統合したもの。従属変数を与党への投票、独立変数をそれぞれ政党支持、社会志向の経済評価、個人志向の経済評価とする3つのロジスティック回帰分析の単回帰モデルの結果をもとに描画。各点はロジスティック回帰分析の係数、それに付随する誤差バンドは95%の信頼区間を表す。

なっています。〇〇年代半ば以降の十五年以上、日本では社会志向の経済評価に基づく与党投票が主流のようです。

＊二〇一〇年代半ばから、社会志向の経済評価の効果を中心に、経済評価からの効果は高まっています。これは安倍晋三元首相のもとで進められた一連の経済政策「アベノミクス」の時期にあたります。

＊二〇一〇年代以降の安倍政権下の日本では、政党支持の効果も高まり、経済評価の効果も高まっています。「政党支持の効果も強く、経済評価の効果も強い」という時期にいたっているようです。

データを使って確認したことで、日本での投票選択の研究で明らかになってきたことを裏づけることができました。五五年体制下の日本では、政党支持が安定していました。そして経済評価はどうやら個人志向を中心とするものだったようです。それが二〇〇〇年代にいたり、変わりました。政党支持の効果が抑えられる一方、社会志向の経済評価が与党への投票に影響を

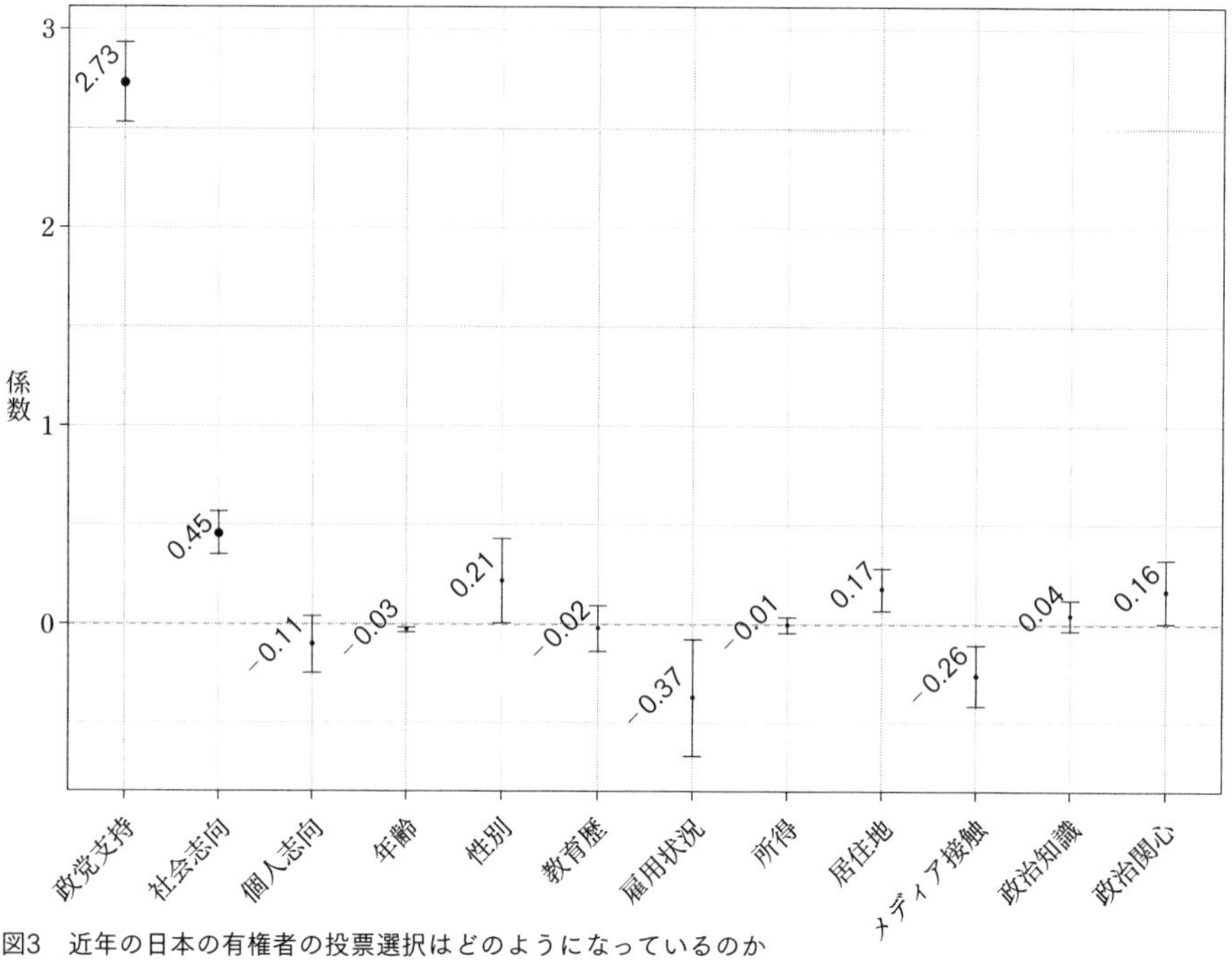

図3　近年の日本の有権者の投票選択はどのようになっているのか
注：データはJESVIに所収されている2014年、16年、17年、19年のものを統合。従属変数を与党への投票とするロジスティック回帰分析の結果をもとに描画（n＝753）。政党支持は与党支持＝1、野党支持・無党派＝0、社会志向・個人志向の経済評価は1が最も悪い評価、5が最もいい評価、性別は女性＝1、男性＝0、教育歴は大卒＝1、それ以外の場合＝0、雇用状況は有職者＝1、無職者＝0、所得は20段階の階層区分、居住地は都市部＝1、非都市部＝0、メディア視聴は利用しているメディアの数に応じた5段階からなるスコア、政治知識は4点満点の政治クイズの得点、政治関心は最も関心が低いときに1、最も関心が高いときに5となるコーディングである。また選挙年の固定効果を考慮したダミー変数をモデルに加えている。

与えるようになってきています。何より近年にいたって、日本の有権者の投票選択に、経済評価が与える影響は増しています。

さらに二〇一〇年代半ば以降に絞って確認しておきましょう。図3は、一四年、一六年、一七年、一九年のデータを使って、与党への投票への各要因の効果を描いたものです。図の見方は、図2とよく似ています。各点は各要因の効果を表し、各点に添えられている棒線は、確からしさを表しています。図2と同じように、与党への投票に最大の効果をもたらしているのが与党支持です。これも図2と同じように、次に大きな効果をもっているのは社会志向の経済評価です。個人志向の経済評価の効果はゼロかもしれません。与党支持以外の要因で、社会志向の経済評価の効果は際立っているのがわかります。別の見方をすれば、与党支持、そのほかの数々の要因を考え合わせても（＝コントロールしても）、社会志向の経済評価は与党への投票にかなり大きくはたらいているのです。それがいま最新の、日本の有権者の姿です。党派性の影響もたくさん受ける、一方で社会レベルでの経済への反応を基調としながら、きちんと経済投票をおこなっている――〝実はよくやっている〟日本の有権者像を素描できたのではないかと思います。

おわりに

本章では、投票選択についての海外の研究と日本の研究をまとめました。そしてデータの素描を通して、日本の有権者の政党支持、経済評価、投票選択について考えました。多くの政治経済に関わる情報が、日本の民主主義の機能不全や揺らぎを訴えています。それはニュース報道であることもあれば、手に取った本や雑誌のコンテンツのこともあるでしょう。SNSを通じて、日常的に日本の政治経済のいまを嘆く訴えを見聞きしているかもしれません。そうしているうちに、日本の有権者としての自分たち自身に対する自信をやや失ってしまってはいないでしょうか。私たちは、楽観的な情報よりも悲観的な情報のほうにより反応しやすいといわれています。また経済評価では、特にそれが顕著になることが知られていて、「経済投票における否定性バイアス」ということが熱心に研究されてきたほどなのです。(17)

しかし、ここまで海外と日本の研究を振り返り、比較することで、重要な知見を得られました。日本の有権者は決して、他国の有権者に比べて見劣りするものではないし、むしろ経済という難しい情報から、政治を判断するための情報を頑張って読み取ろうとしているようです。民主主義の危機がいわれたときに、私たちは政治的エリートの側で起こっている不具合なのか、私たちに起こっている不具合なのかを慎重に分けて考えなければなりません。いまのところ有権者が支えるアカウンタビリティーという観点からすれば、私たちのずっとポジティブな姿を見いだすことができたのではないかと思います。

注

（1）Scott Ashworth, "Electoral Accountability: Recent Theoretical and Empirical Work," *Annual Review of Political Science*, vol. 15, Annual Reviews, 2012.

（2）Paul F. Lazarsfeld, Bernard Berelson and Hazel Gaudet, *The People's Choice: How the Voter Makes Up His Mind in a Presidential Campaign*, Columbia University Press, 1944.

（3）Angus Campbell, Philip E. Converse, Warren E. Miller and Donald E. Stokes, *The American Voter*, The University of Chicago Press, 1980.

（4）*Ibid.*, pp. 121-122. 翻訳は筆者による。

（5）Anthony Downs, *An Economic Theory of Democracy*, Harper, 1957.

（6）Morris P. Fiorina, "Economic Retrospective Voting in American National Elections: A Micro-Analysis," *American Journal of Political Science*, 22(2), Wiley, 1978.

（7）Donald R. Kinder and D. Roderick Kiewiet, "Sociotropic Politics: The American Case," *British Journal of*

Political Science, 11(2), Cambridge University Press, 1981.
（8）大村華子「日本の有権者に「党派性に動機づけられた推論」は働いているのか？――情報の受容と知識の表明に対する党派性の影響の検証」、日本選挙学会編「選挙研究」日本選挙学会、二〇二四年（近刊）、善教将大編『投票行動研究の最前線』法律文化社、二〇二四年（近刊）
（9）三宅一郎『政党支持の分析』創文社、一九八五年
（10）善教将大「2022年参院選における有権者の選択肢」、日本選挙学会編「選挙研究」日本選挙学会、二〇二四年（近刊）、秦正樹「世論は野党に何を求めているのか？――2021年総選挙を事例としたヴィネット実験による検証」、日本選挙学会編「選挙研究」第三十八巻第二号、日本選挙学会、二〇二二年
（11）平野浩「選挙研究における「業績評価・経済状況」の現状と課題」、日本選挙学会編「選挙研究」第十三巻、日本選挙学会、一九九八年、遠藤晶久「業績評価と投票」、山田真裕／飯田健編著『投票行動研究のフロンティア』（おうふう政治ライブラリー）所収、おうふう、二〇〇九年
（12）平野浩「政治的評価と経済的評価」、日本選挙学会編「選挙研究」第九巻、日本選挙学会、一九九四年
（13）Masaki Taniguchi, "The multi-store model for economic voting: Rome wasn't built in a day," *Electoral Studies*, vol. 41, Elsevier, 2016.
（14）Martin Bisgaard, "How Getting the Facts Right Can Fuel Partisan-Motivated Reasoning," *American Journal of Political Science*, 63(4), Wiley, 2019, John G. Bullock, Alan S. Gerber, Seth J. Hill and Gregory A. Huber, "Partisan Bias in Factual Beliefs about Politics," *Quarterly Journal of Political Science*, 10 (4), now publishers, 2015.

(15) Reiljan Andres, Garzia Diego, Ferreira Da Silva Frederico and Trechsel Alexander H., "Patterns of Affective Polarization toward Parties and Leaders across the Democratic World," *American Political Science Review*, 118(2), Cambridge University Press, 2023.

(16) Hanako Ohmura and Airo Hino, "Economic Retrospection in Japan: Both Partisanship and Economic Evaluations Matter," in Timothy Hellwig and Matthew Singer eds., *Economics and Politics Revisited,* Oxford University Press, 2023.

(17) Raymond M. Duch and Paul M. Kellstedt, "The heterogeneity of consumer sentiment in an increasingly homogenous global economy," *Electoral Studies*, 30(3), Elsevier, 2011.

［付記］本章は、科学研究費補助金・基盤研究（C）（課題番号：22K01320）「経済と政治的支持の関係――「不平の非対称性」仮説から見る日本の有権者」の補助を受けた成果です。記して感謝を申し上げます。

第7章 私たちにとって選挙とは何か？

——選挙をめぐる哲学対話

永井玲衣／荻上チキ

哲学者の永井玲衣をファシリテーターに、選挙をテーマにした哲学対話をおこないました。年齢もプロフィルもバラバラなメンバーが、それぞれの目線から見た選挙のイメージや疑問の数々を自由に聞き合い、語り合いました。

▼そもそも哲学対話とは

永井玲衣　今日はご参加いただき、ありがとうございます。この本はいろいろな分野の研究者の目線で書かれているんだけれども、ここではもう少し市民目線で「手のひらサイズ」の問いを立てながら一緒に考えていければと思います。だから「選挙とはこうだ！」という「結論」を出すというよりは、互いに考えていることを聞き合って深めていきたいと考えています。

哲学対話は、みなさんと一緒に聞き合いながら、考え合うような場所を作ります。今日やりたいことは二つ。一つは、ともに考えることを試みること。もう一つは、それができる対話の場をともに作ろうとすること。誰か一人がこの場を作るのではなく、みんなで一緒にこの場を作るということにも、同時にチャレンジしたいと思います。というのも、こういう政治的・社会的なテーマはどうしてもドキドキしちゃったり、話せなかったりするようなことが多いですよね。だからこそ、場作りが大事で、ここなら聞き合えるな、考え合えるなと思える場をともに作っていきましょう。

みんなが大丈夫と思える場作りをするために約束が三つあります。一つはよく聞くこと。ここは、かっこ

いいことを言ったり、いっぱいしゃべることが大事な場ではなくて、聞き合うことを一緒に試みる場です。二つ目が、自分の言葉で話すことです。偉い人の言葉を引用したり、本にこう書いてあったから正しいです、と終わらせるのはこの場ではお休みしましょう。どうしても引用せざるをえないときは自分の言葉で言い換えてください。スイスイしたわかりやすい言葉よりは、なんかわかんなくなってきちゃったなとか、遠回りしちゃったなとか、そういった言葉が出てくることをこの場は喜びますので、ぜひ安心してそういう言葉でお話しください。最後は、「人それぞれ」で終わらせないという約束です。「選挙って定義は人それぞれだよね」だと対話は終わってしまいます。人それぞれだからこそ一緒に考える意味がありますので、あきらめないでいきましょう。

哲学対話では、その人の本名とか、年齢とか、なんの仕事をしてるとか、どういうつもりで今日は来たっていうことは、あまり重要ではないので聞きません。

この場で呼ばれる名前を自分でつけてください。

では、最初は「問い出し」ということで、選挙という言葉を前にして、不思議だな、モヤモヤするなということがあったら、問いの形にして教えてください。

あずき　あずきです。余談みたいな感じでいいですか？　私、選挙の日に予定がないことが多くて、いつもその、すっぴんで行っていいのかっていうのがあって（笑）。何か選挙のためだけにメイクするの面倒くさいんですけど、地元なので誰かに会うんじゃないかという気持ちになって、それを迷うなあっていう（笑）。そういう印象があって、行きにくい感じというか、グズグズ家を出れないみたいな。

永井（以下、たい焼き）　いい手のひらサイズの問いですね（笑）。それって地元の人と会うかもしれないからなのか、それとも選挙って何か特別な意味をもつから、「気合入れていかなきゃ、公的なことだし」というようなことですか？

あずき　全然そうじゃなくて、私は人と会うときに、見た目を気にするタイプで。武装しないと外に出れなかった時期とかもあったので。地元っていうか、昔の友達とかに会ったらいやだなってだけですね。選挙自体はハードルが高いとか、そういうことはないんですよね。

お嬢さま　どうもお嬢さまです（笑）。よろしくお願いします。「ワクワクって何？」みたいなことなんですけど。本来、何かの結果が出るときってすごいワクワクすることだと思うんですよ。

私、放送局で働いているんですけど、選挙の開票特番のときとか、やっぱり報道部の人がすごい一喜一憂するんですよ。もうなんか宝塚の合格発表みたいな（笑）。けど、あんまり周囲の友人からはそういうことを感じなくて。自分もそういう特番とか見てて、喜怒哀楽を刺激されるわけじゃないから不思議な制度だなって思うんですよ。みんな投票して、自分も投票してたら、それがどうだったのかは本当は結果が超気になるはずなのに。だから、「あれ？　そもそもワクワクって、どういう感情なんだっけ？」って思いました。

たい焼き　ほかはどうですか。

（しばらく沈黙）

哲学対話にとって沈黙は大事な時間なので、無理に埋めようとしなくて大丈夫です。みなさんが「考えている時間」として大切にしましょう。

ない　ないです。私は選挙で投票したことがないんです。年齢的なこともあって。でも、母が見せたがって、一緒に選挙についていったことがあって。普段は子どものハロウィーンとか、何か出し物をやる場所に真っ白な紙とか貼られて、選挙モードになっている場所に行ったんですね。そこはすごく「ちゃんとやってるよ」みたいな感じを、真っ白の紙とかで雰囲気を出そうとしてるのに、隠しきれない地元感がすごくあって（笑）。

「へー、選挙ってこんな感じなんだ」って思いながら、いろいろ考えて。「選ぶってなんだ？」とか、選ぶっていわれても、誰も知らないなとか、そういえば駅前で名前だけ連呼してた人がいたとかそういう感じがあって、この「取り繕っている感」はなんなんだろうと思ったのを覚えています。

あずき　選挙ってどうやるの？、誰が教えてくれたっけ？、みたいなことがあって。私は対話の場を開いたりするんですけど、身近なモヤモヤとか悩みとかを話していると、気づいたら「社会のせいじゃん」みたいになっているときがあって。それではじめて、社会に疑問を抱いてよかったんだとか、その疑問を解消する手段が選挙なんだみたいなことを、対話してはじめてみんな気づくみたいな。そういうことを教えてくれた人がいなかったよねって話に最近けっこうなるんですよね。

お嬢さま　いまのあずきさんの問いを聞いてて思ったんですけど、「平等ってどうやるの?」みたいな感じかな、問いにすると。最初は、男性だけにしか投票権がなかったとか、それが女性もできるようになったとか、その日、その投票所に行くとか、選挙区とか比例代表とか、いろいろ考えると、平等ってすごい難しいじゃないですか。

年齢によっても、もっている情報の量も違うし、関心も違うし、あと、経験値。それは埋めようと思ってもなかなか埋められないし、そうすると「あらためて平等ってなんだっけ?」「どうやるんだっけ?」って思いました。

あや　あやです。よく「あなたの一票で変わります」とか「あなたの一票が大事です」みたいな文言があると思うんですけど、それは確かにそうだなって思う一方で、でもそれがよくわかんないですよね。結果をみて当選と落選の票数の差が僅差だったりすると、本当に一票って大事なんだなって思うけど、でも「あなたの一票で変わります」っていったときにちょっと違和感があって。

「あなたの一票で変わります」っていうフレーズって、選挙にいきましょうよっていう意味でいうじゃないですか。けど言われた側からしたら、自分の一票で変わるってなんか逆にちょっと怖くない?、みたいな。自分の一票で変わるんじゃなくて、一票一票が集まって、それが結果として出ると思うんですけど、選挙にはその「みんなで」っていう感覚があんまりない感じがする。いく人もいるし、いかない人もいるし、いけてもいかない人もいるから自由なんだけど、何か「個人戦」感があるなって思いました。

たい焼き　私は「市民の声って何?」っていうのがあります。よく街宣とかで政治家が、「市民の声を届けます！」「市民の声が届いていないですよね？」みたいなことを言ってるんだけど、その「市民の声って何？」って思うんですよね。私個人のニーズで「税金そんなに払いたくない」「なんかもうちょっと生きやすくしたい」みたいなものはあるけど、それが市民の声なのかよくわかんないし。

そういう声が政府に届いていないとか以前に、まず市民の声自体を自分のなかでちゃんと形成できていないし、どういう社会にしたいかがあんまり言語化できない。街宣を見てたときに、ある新聞記者に話しかけられて、「あなたの望む社会を教えてください」って言われたことがあって。そのときに、「戦争終わってほしいし、平和になってほしいです」みたいな、すごい漠然としたことしか思い付かなくて。そういうことを聞かれたときって、私だけがよければいいとかじゃなくて、もっと市民っていう、別の観点が必要な気がするんですよ。民主主義的にとか、日本としてとか、国際社会における一人としてとか、いろんな観点があるはずなんだけど、じゃあ市民としてってどういう立場なんだっけみたいな。

▼選挙や政治の話はしにくい？

ない　あずきさんとたい焼きさんの話と似てるのかもしれないんですけど、選挙について知らないとか、自分の特権性や権利を自覚してないっていうことは怒られることで、ちゃんとしなきゃいけないんだってことを思ってたんです。

小さいころ、選挙の時期に担任の先生に、誰に投票しましたか？って聞いたら、すごい苦い顔をされて。それは言えないみたいな感じ（笑）。それで家に帰って、なんで言えないのか両親に聞いたら、「いやまあ、先生は言えないんじゃない」みたいなことを言われて。ほかの子とも選挙の話をすると、「へぇー」みたいな感じで、「しらけるわ」みたいな顔されたりして。

　選挙を誰にも教わってないよねっていう話とか、市民の目線の話を聞いて思ったんですけど、やっぱり何かの自覚をもった、自分一人の目線でもないし、統治している人の目線でもない言葉っていうものが必要なのかなって思うときがあって。そういう視点で選んだほうがいいのかってことを考えたんですけど、まずそのことを誰とも共有できないし、その話ができない。

　なんかわけのわかんないプールのなかに入れられるみたいな気分で、いろんな流れに押されて、泳がなきゃって思うのに、どこに向かって泳ぐのか、なんで泳ぐのか、なんで泳げてないのかも全然わからないし、泳ぎ方もわからないし、周りに誰がいるのかもわからないみたいな感じ。「みんな、どこで選挙の話をするようになった？」「誰とした？」っていう疑問があります。

あずき　同じなんですけど、「選挙とか政治の話をしにくくしているものは何か？」っていう問いは、やっぱりあるなって思います。対話やりたいなとか、対話がもっともっと広がればいいのになとか思ってる理由の一つに、選挙や政治の話をもっとしたいっていう思いがあって。社会ってよくなったほうがいいじゃんみたいな、みんなが当たり前に思っていることをどうやるかってなったときに、もっと話したらいいのにと思ってるけど、それができないのはなんでだろうってずっと考えていて。知識が必要だからかなとか、なんで知識をもってないんだろうとか。私の世代は、みんなファストフード的に情報を仕入れているなかで、政治の話はそういうふうになってないのが気になって。例えば、「反戦についての対話を開きます」って言うと、「真面目だね」みたいなこと言われて。真面目とかじゃないけどなと思いながら、その「真面目だね」が話せなくしてると思うんですよ。本当に、本当に人目を気にする人が多すぎて、政治的な話をするのは、ダサいじゃないけど、「なんかやばいやつ（笑）」みたいな感じになるのが、それしんどくないかと思います。

エルマー　うまく問いにならないんですけど、あえて問いにするとしたら、「選挙っていりますか？」ですかね。選挙は民主主義国家にとってなくてはならないもので、そして市民の政治参加の中心となるものっていわれるけど、「本当にそうなの？」みたいな。だって、投票率は五〇％以下で、何か自民党の裏金とかで、結局金で歪められてんじゃないみたいなところもあったりして。結果として、自民党が強いといっても、有権者のうちの二〇％ぐらいからしか支持を得てないわけですよね。「それではたして民主主義なの？」「選挙＝民主主義って本当にそうなの？」って。逆に、選挙にいってない人には「もう選挙いらないですよね？」みたいな気持ちもあるし……。

あと全く別の問いなんですけど、「どっからどこまでが選挙なの？」「投票所に行ったら選挙なの？」っていう。選ぶっていうことを考えると、いろいろ情報を得ないといけないからテレビを見たり、マニフェストを読む人もいるだろうし、あるいは掲示板の写真を見たりとかするから、そこから選挙ってもう始まってるんじゃないか。でもだとすると、選挙期間中じゃないときもずっとテレビとか新聞には政治の話が出てるしみたいな。そうすると「常に選挙なのか？」みたいなことにもなってくるし。

あや　その「どっからどこまでが選挙なの？」については、はっきりはわかんないけど、演説してる光景とか、ポスターを見たりとかっていう、その選挙にいくまでの間に見聞きするものに対して、みんなはどういう光景として見てるのかがすごい気になって。ていうのも、候補者の人たちは、建前なのかわかんないけど、一応社会をよくしたいとか、市民の声を聞きたいとか、こういうふうによくしていきたい、だから投票してくださいっていうと思うんですけど、私が見てるかぎりはそういう感じには見えないというか、なんか勝ち

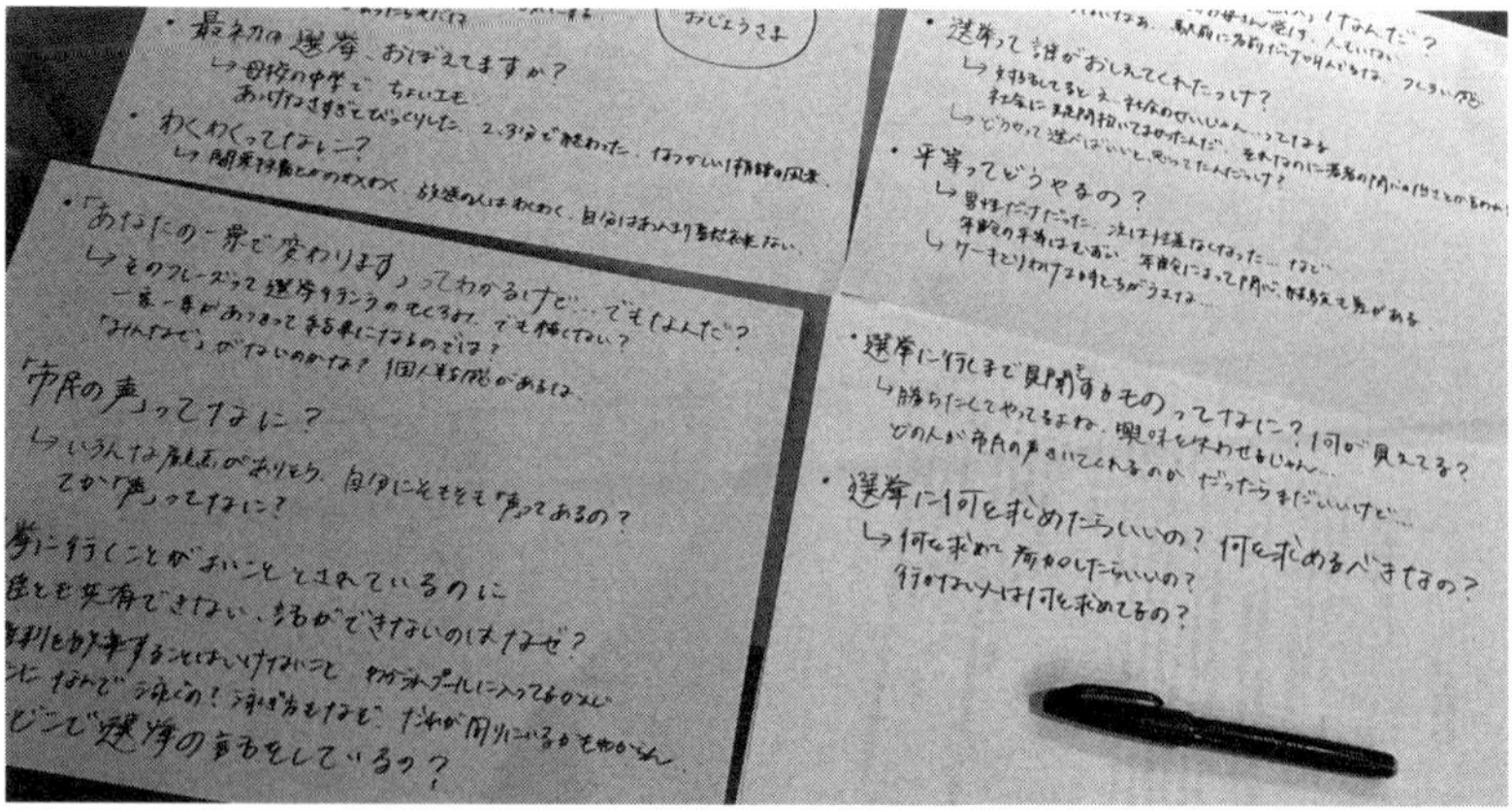

写真1　問いを書き出した紙

たくてやってるみたいに見える。

社会をよくしていくためには、この人が勝つべきだとかそういう戦略的な考え方はあるかもしれないけど、一人ひとりを見ているときに、「この人って社会をよくしたくて票を入れてほしいんじゃなくて、勝ちたくてやってるよね」みたいな感じに見えたりして。それって、みんなが興味なくなることにもつながるのかなって思って。べつに「おじさん同士の争い」に興味ないっていうか（笑）。

おじさんばっかりだからっていうのもあると思うし、どの人が社会をよくしてくれるのか、どの人が市民の声を聞いてくれるのかみたいな感じだったら興味あるかもしれないけど、なんか「戦い」とか「蹴落としあい」みたいなふうに私には見えていて。みんなはどういうふうに見えてるのかなっていうのが、気になります。

たい焼き　ありがとうございます。一生やれそうなんですけれども（笑）、ここでいったん切ろうと思います。後半は、この問いのなかで一つスタート地点を決めて掘り下げます。一人二票を投票してもらいたいと思います。

「投票の結果、四つに絞られる」

たい焼き　じゃあ、最終投票をするので、一人一票で決めてください。

「平等ってどうやるの?」

「選挙の話をしにくくさせるものは何?」

「どっからどこまでが選挙なの?」

「選挙にいくまで見聞きするものって何?」

この四つです。

はい。投票の結果、「どっからどこまでが選挙なの?」に決まりました。問いを出してくださったエルマーさん、この問いについていま考えていることを教えてください。

▼選挙はいつ始まり、いつ終わるのか

エルマー　その、法律ではきっちり決まっていると思うんですけど。僕は選挙で面白くないなと思うのは、いつ、どこで、どうやってやるのか、って全部決められてるじゃないですか。それがすごく面白くないと思いながら、まあ行くんですけど。でもよくよく考えると、その選挙のためにテレビとかインターネットで調べたりとか、マニフェストを見たりとか、あるいは最低限看板をちょっと見て、どんなスローガンかなとか、どんな人なのかなとか見たりとかして。だから、投票所に入るまでにもうすでに何か情報を得ていて、その情報を得るところから選挙が始まっていると考えると、選挙戦が始まる前からずっと政治の話っていっぱい

あるから。そしたら選挙っていつ始まるっていってていいのかなって。

いつかは絶対、国政選挙があるじゃないですか。そうしたら、いまの自民党の裏金問題とかって選ぶときの基準に入ってくると思うんですよ。一方でこういうスキャンダルがあったときには、「どうせ国民はすぐ忘れるから」とも言われたりして。でも実際に忘れることってあるじゃないですか。そういうことを考えると、政治の状況について情報をたくさん得るために、やっぱり政治のこと常にみておかないといけないのか。でもそれも大変だしなってていうモヤモヤがあります。

あや　わかるなあっていう話なんですけど、確かに最近の選挙でも、「ちょっと前にやらかした人じゃん！」みたいな人が選ばれたりして。それは本当に直近だったからなんで選ばれたんだろうって思ったけど、私もこの人の名前を見たことあるな、でも何かやらかしたんじゃなかったっけ、でも全然忘れちゃってるみたいな。それを考えると、年中選挙戦みたいに基準とか期間が広がってる感じはします。

あずき　私はずっと選挙の日を待ってる感覚があって。常にモヤモヤがあって、それを解消するために、どうすればいいかみたいなことを考えてると、やっぱり選挙にいかなきゃ何も始まらないなって思う。だから選挙の日は、ただただ「投票にいく」っていう行為だけであって、それこそずっと選挙かもしれないなと考えると、選挙にいくこと自体のハードルが低くなる気がする。

お嬢さま　みなさんの話を聞いてて、やっぱりある種「週刊文春」も選挙活動なんだって思って（笑）。いまの話もそうですけど、選挙期間中はいろんな報道の仕方も規制されたりとか、何か忖度みたいなものがあったりするけど、期間を設ける意味がわかんなくなってきたというか、「選挙期間ってなんだろう？」っていう問いが新たに出てきました。

エルマー　「週刊文春」はスキャンダルとかだと思うんですけど、選挙期間中以外も選挙活動みたいに考えると、圧倒的に与党が有利っていうか、政権を担っている人たちのメディア露出って絶対増えるじゃないですか。だからアピールする場がそれだけ増えるということですよね。一方で野党からすると、アピールする場がやっぱり少ないことになるから、もちろんメディアが一年中選挙活動みたいな感じで、与党と野党できっちり時間を分けてやっていたら別かもしれないけど、そうではないから与党が圧倒的に有利じゃんみたいな。

だから、選挙期間になるとメディアの放送時間とか、それぞれの政党とか候補者ごとに決められてると思うんですけど、それは公平を期すためにやってるわけですよね。でも選挙の時期とかは勝手に決められたりするから、それってめちゃめちゃそっちの都合じゃんって。選挙期間中以外も、そうやってメディア露出があると、これって公平ではないのでは？とさえ思えてくるし、「それって民主主義なの？」と思っちゃう。

たい焼き　エルマーさんの話につながるかわからないですけど、日常のすべてが選挙だとして、選挙期間中にこの人いいな、応援したいなってなるわけですよね。そういうときに、どういう気持ちでいたらいいのかよくわかんなくて。たまに選挙がスポーツ観戦みたいに感じることがあって。「いけ！　いけ！」とかサッカーの「ゴール！」みたいに、選挙も開票速報を見て「おー！」とか「ああ……」みたいな感じって、あれって民主主義なのかよくわかんなくて（笑）。何してんだっけみたいな感じで、めっちゃショックを受ける。

それに、応援してる人が落ちるとか普通にあるわけですよね。そういうときに声が無視されたに近い感覚っていうか……。でも、どうやら民意なるものは有効らしいっていわれても投票率は低いし、「みんなで決めたことだから」って言われても、でもその「みんな」があんまりないじゃんみたいな。

ちょっといろんな問いが交ざってるんですけど、自分が応援してる議員とか政党とかが振るわなくても、また選挙が続くわけですよね。かっこ付きの選挙期間が終わっても、また選挙が続く。それって「主権者モード」みたいなことがずっと続くっていうことで、それってどういうふうに生きることなんだっけとか、どんどんわかんないことが出てきてます。

▼人はいつ政治的になるんだろう

ない　選挙って、めちゃくちゃ猛スピードで進んでるトロッコを急に止めろって言われて、追いかけてるんだけど、「はい、ここまでに止められなかった。だからこうなります」みたいな感じなんですよね。そんなの「無理じゃん」みたいな（笑）。

その感じがずっとあって、トロッコレースが始まる前は何か新しいアイデアがあるんじゃないかとか考えるんだけど、始まったらやっぱ「無理じゃん」みたいな。もう走りだした時点でわかってるみたいな気持ちになって。

しかもそれでだんだん社会がひどい状況になってるみたいな。年々、お金がないのが切実になってきたとか、自分は苦しんでるのに、その苦しみはどこにも届かないし。だから、やっぱり公平、公正だと思わないし、しかもさっきの話にも出てたけど、「おじさんたちの勝負」みたいな感じで、しかもそれが年中続いてる！（笑）

一同　それは最悪（笑）。

ない　選挙のための情報を集めるのは大変だし、しかも人に話したら苦い顔をされたり、しらけるわみたいなこと言われて、この受け止められなさはなんなんだ。一体どうすればっていう気持ちがあります。

あずき　なんかわからないままとっぴなことを言うのかもしれないんですけど、この問いがちょっと変わって、人はいつ政治的になるんだろうっていう問いに見えてきて。

政治的なときと、ふざけた私のときがあって、ひどく傷ついているとき、怒りがもう抑えられないときもあるし、ひどいと思うけど、それこそ戦争していること忘れちゃうくらい幸せなときもあって。選挙はそれとは関係なくやってくる感じがあって、いつ人は政治的になるんだろうという問いにしてみると、それは年齢的なこともあるし、時間的なこともあるような気がして。さっき選挙のことを教えられたことがなかったって言ったんですけど、十八歳になったから急に政治的な人間になるわけではなくて、社会に怒りを抱いていいと言われた瞬間に、私は政治と向き合い始めたので、そうやって言ってくれる人がもっといたらいいのにっていうあきれと怒りがあって、それは日常のなかでもたくさん起きているというか……。

なんでこうなっちゃうんだろうなって思って、政治とか社会のこととかを考えて、そのときはすごいエネルギーで、ほかのことを考えられないぐらいそれを考えているのに、選挙がくるとその気持ちがどっかにいっちゃう。でもやっぱり選挙期間があるからこそ、また再び向き合い直せる気もして。だからそれはそれで意味があるような気がするけど、それとは関係なく、政治的って言葉で合ってるのかわからないけど、こういうことに、何か怒りとかモヤモヤがあるなと思いました。

エルマー　いまの話を聞いていて、政治とか社会に対する怒りとかモヤモヤとかって、言葉にすることはできるかもしれないけど、目に見えるものじゃないですよね。でも選挙はわかりやすく目に見えて結果が現れるっていうか、いまの政治とか社会にどれぐらいの人がどういうふうに思っているのかみたいなものを、もちろん断片的でしかないんだけれども、ある程度「見える化」する機能はあるのかなと思う。

一方で見える化しちゃうから、いろんな衝突とかも見えるようになるところもあるけど、それが全く見えなかったら、けっこうまずい気がするというか。いろいろな人がいるから、ぶつかるのは当然だと思うし。選挙がスポーツ観戦みたいっていう話もあったけど、いろんな衝突をそれぐらいのレベルにしてみられるっていうか。

だって、アメリカで議会襲撃とか、韓国で大統領候補者が刺されるとかありましたけど、そうなったらやっぱりまずいじゃないですか。ああならないために選挙はあるのかなって思うんですけど、いまはそれではもう収まらないどころか、選挙結果にブチギレて議会襲撃するみたいな本末転倒な状況にもなってるなって思いました。

自分がいつ政治的になるんだろうっていう話も、いままさにすごいニュースになってますけど、高校生のときにパレスチナとイスラエルの問題があって。イスラエルによる集団虐殺はずっと起こっていて、自分が高校生のときにその写真を初めて見て、爆撃で亡くなった母親の横で子どもが泣いている写真を見たときに、「これはおかしい」って思ったのをはっきり覚えてます。同時に、自分とこの子どもの違いってなんなんだろうって思って、いま振り返ると、そのときは政治化したとは思わないけど、あれが一つのきっかけだったなと思い出しました。

でも自分の周りでそういう写真を見たり、いまの裏金の問題とかを見たりしても、政治や社会に怒りをあまりもたない人も確かにいて、その違いってなんなんだろうとか。さっきの話だと、いつ、そういう怒りとかをもってもいいってなるのか、そう思えるためには何が必要なんだろうってことも思いました。

▼政治や選挙への怒りやモヤモヤはどうすればいいのか

たい焼き　「投票へいこう」「まずは投票にいこうよ」みたいなのを聞くたびに、投票にいくことが政治参加のスタート地点ってよくいわれるんですけど、「いや、最後のほうだろう」と思うんですよね。「とにかく選挙にいこう」みたいなことって、ちょっと危うい感じがして、それはあずきさんの「いつ政治化するのか」っていう問いと関わってて。その「いつ」っていうのは、「いかに」だとか問題意識とかもあると思うんですけど、ある程度政治化されていないと選挙って危ういのかなって思って。

ある学生と話したことがあるんですけど、「何もわかんなかったけど、とりあえずいけって言われたから、プロフィルを見て、いちばん親近感が湧く人に入れました」って言ってて。「プロフィルで決めたかー」みたいな（笑）。なるほどとも思ったんですけど、ほかにも名前が一緒だからとかそういう理由で入れたりとかしてて。でも、自分だって学生のころ生徒会の選挙とか同じノリだったかもと思って、同時に反省もして。

だからさっきの問いがまた育ってくるんですけど、「どうやったら、ちゃんと選挙にいったといえるんだろう」っていう問いが出てきたんですよね。それは、普段からめっちゃアンテナを張って、めっちゃ調べて、すごい学んでて、そういうことをすることが、「ちゃんと選挙に参加したってことなの？」って。それがよくわかんなくなってきて、そのプロフィルを見て決めましたとか名前が一緒だから入れましたっていう人と私はどれだけ違うかっていうか、「本当に違うのか？」「何がいい政治参加の仕方なんだっけ？」みたいな。

お嬢さま　みなさんのお話を聞いてて、怒りが湧いたとか、国に無視された気持ちを、どこまで引きずればいいのかなって思って。その気持ちが自分たちの生活とか事実とつながっていくわけじゃないですか。そうやって考えると、選挙に参加したって何をもっていえるのだろうっていうのと同時に、自分にとっての選挙の結果っていつ出ているのかなって思って。私たちは期間も決められないし、結果も得られてないし、決められるものが一つもないし、最初にこの「どこからどこまでが選挙なの?」っていう問いを聞いたときに、期間的なことをすぐ想像したんですけど、そうじゃなくて、もっとその人の気持ちとか生活に結び付いているなと思って、どんどんこの問いが立体的になっている感じがしてます。

ない　前の選挙のときに、頑張ってほしいって思う政党のチラシをポスティングしたことがあって。「チラシ投函お断り」とか書いている家も多いし、私は濃い色が嫌いなんですけど、すごく濃い色のチラシをポスティングしながら、何か暴力的なことをしてるんじゃないかっていう気分になって。でもいまの現状が続いたら、あのとき見た路上で生活している人はいよいよ死んでしまうかもしれない、だからみんなちゃんとやってほしい!みたいな気持ちでやってて。

そのとき感じた、この悲しさをどれだけの人に共有していいんだろうかとか、どれくらい引きずったらいいのかというさっきの話ともつながると思うんですけど、私の生活と確実に結び付いているはずだけど、クレジットカード支払いみたいにそのつながりが自分のなかで実感しにくかったり、わかりづらかったりする。でも起こっていることはすごく悲しいし、どうにかしたいと思うけど、この選挙というシステムにかけていいのかっていう。自分はこういう悲しい気持ちになったけど、この気持ちを家族にぶつけてどうなるんだろう。どれぐらい乱されたらいいのか、乱されないのはそれはそれでよくないのか、そこのバランスなのかなとか。

でも自分だけでもっていられるものじゃないし、共有したいと思うし、そのことを共有することではじめて自分の社会性というのか市民性というのか、私が作られてきたのは私がいたからじゃなくて、ほかのいろんな人がいて、いろんなものがあったからだよねっていうのが実感に結び付く気がして。

どうして選挙の話をしにくいのかって話がありましたけど、私はどうしたら選挙の話ができるようになるのかなとか、話したいと思うのかなっていうと、みなさんは選挙の話がしたいときっていつだろう、どういう気分なんだろうと思いました。

あずき　いまずっと考えてたのは、私が政治的になるときは怒りだったりモヤモヤがあって、私を深く傷つけるものだからこそ、人に否定されたときけっこうしんどくて。だから人に打ち明けられないみたいなのがあって。共存を許されないような気持ちになるんですよね。

このあいだ、言いにくいことみたいなテーマで対話をやっている人たちと話していたときに、仲良かった人と全然違う政治的な意見だったら怖いよねみたいな話をして。それでもやっぱり一緒に生きていくし、共存していくってどういうことなんだろうって。それは選ばれなかったほうはいないわけじゃなくて、いるんだよっていうことを示したくて、それこそデモみたいなスタイルでアピールすることになってしまうのが、ちょっと違うと思ってて。

中学生のときに読んだ本の一節に、民主主義で大切なのは少数派の意見の尊重だからみたいなのがあって、それだけ覚えてて。でも、私の投票した人が落ちた瞬間にそれが頭のなかで繰り返されて、私の存在はなかったことにされた気になって。だから、ここにいるよって言いたくて社会運動とかちょっといってみるけど、「でもデモをしなきゃいけないの？」みたいな。それが、どうしたらいいかわからないけど、なんかすごく悲しいというか、こういうものなのかなみたいな感じがあります。

たい焼き　いまのあずきさんの話を聞いてて、例えば応援している人とかが落ちたりすると、昔はもっと落ち込む感じがあったんですよ。いまも悲しいんですけど、でもべつに終わりじゃないっていうか。本当に選挙ってずっとだから。結果が出ても、この人は違うと思うよって言えるわけですよね。それはデモかもしれないし、何か別の仕方かもしれなくて。

落ちた人が無意味なのかっていったら全然そんなことなくて、問い出しとかしてるとやっぱり思うんですよね。めっちゃ問いが出て、全部すごい面白いじゃないですか。でも決まらなかった問いが、「何か出さなきゃよかったね、その問い」っていうわけじゃ絶対ないので、最高の問いじゃないですか、全部。

まあ、選挙の候補者は全員最高とはかぎらないからまずいんだけど（笑）。でも無駄とか敗北であり、絶望なのかっていったらそうでもないし。違うぞって思った人が通ったとき、それでも違うよって言うのがおそらく政治参加するということだと思うし、どうしても選挙の投票が主要なものになっちゃうけど、べつに全然それだけじゃないってことを大人になってから知ったし、数あるうちのただの一つだったみたいな。

でもそういう手立てを十代のときは全く知らなかったから、「投票ってめっちゃ大事な行事なのに、みんな興味がないのやばい」って思ってたけど、そういうチャンネルがあるなとは思えるようになったかな。だから、どこからどこまで選挙なのっていう問いにあえて戻ると、選挙のあとが本当に大事っていうか。気合を入れるのって決まったあとなんだなってことをつくづく実感する。

あや　私も選挙が終わったあとに、周りのいろいろな活動してる人とかと、一緒にロビイングする機会があって。市議会議員選挙で選ばれた人にメールで連絡を取ろうみたいな、そういう感じになって。

私はいま大学生で、それは大人が中心になってやっているんですけど、そのときにこれをできる人って限られてるよなということが多くて。大人たちも普通に仕事をしたり子育てしたりするなかで、土日に時間を見つけてミーティングして、仕事が終わったあとに市庁舎に行って議員と意見交換をしているのを見て、これができる人って本当に限られてるなって。すごいマッチョな感じというか。

私は気候変動についての活動をしてるけど、これを議員さんにやってほしいとか、この問題を解決したいっていう思いがどれだけ強くあっても、できる人は限られてるなって思って。だから、選挙のあとがすごい大事なんだけど、選挙でちゃんといろんな人の声を反映した結果が出てほしいって思っちゃう。本当に声を聞かれていない人は、選挙のあとに何かするのはたぶん無理だから。だから、「結果で出てくれ」って思ってて。

私、二〇二三年の統一地方選挙が、けっこうワクワクしてたんですよ。自分の地域よりもほかの地域で、すごい共感できていいなっていう女性の候補者が選ばれて、それがすごいうれしかったからなんです。だから、その私が好きな市議会議員さんがいるところに来月引っ越しちゃうんですよ。それぐらいうれしくて、そういうふうに考えてみたら、結果に絶望するみたいなときに、自分の地域だけじゃなくってほかをみてみたら、ここの地域では自分の声も拾われるんだって思えるかも。

たい焼き　じゃあここで、時間がきたのでぱつんと終わります。時間で終わるのは、対話をこれからも続けるためなので、無理にまとめたりはしません。最後にカスタード（荻上チキ）さん、何かありますか？

カスタード　家に帰るまでが遠足だよって、よく言いますね。では、選挙参加というのは、いつまでなのか。これって、人によってずいぶん違うと思います。

大方の有権者にとっては、選挙は何年かに一回だけくるものですが、候補者や支援者は、ずっと選挙活動をしている。また、選挙は議員を選ぶ行為ですが、選挙後こそ政治は続いていくんですよね。「政治参加」「選挙」という言葉が、狭くとらえられていることが気になっています。それから、意思表示が可能な社会的見積もりについても狭い気がします。例えば投票にいこうと呼びかける。ここまではセーフ。じゃあ政党の話をして、「ここに入れて」とか「どの政党に入れる?」って話しかけたら、ドン引きされるみたいな。要は一般の人にとって選挙活動は、投票にいこうって言うまでが「意識高い」ラインで、そこを超えると「思想強い」「偏ってる」ってなる。その侵犯してはいけないラインが社会にあることが、どんな意味をもつのか、気になりますね。

一方で、アクティビストの知り合いだと、普段からずっと特定のテーマの問題解決を考えていて。選挙のときには、この人にこの公約をやってほしいっていう熱い話をするんですよね。でも具体的に選挙が決まって、議席が決まると、今度は壊れた屋根を修理しにいくみたいな感じで、ロビイングをする。毎回、パーフェクトな議席構成なんてないんです。だから、「ああ、今回はこんないびつな議会になったのか」って毎回思いながら、調整のために議員のところに足を運ぶ。

選挙そのものは確かに日程が区切られていて限定的です。有権者のなかでも、なんとなく政治について話し合える期間にはなっているように思える。そんななかでアクティビズムは、「やれやれ」って言いながら行動する。メディアもそうですね、普段から政治のありさまを伝えようとする。しかし今度は、政治に加えてNPOやメディアについては、不信感が高いんですよね。なので、そのギャップを埋める役割を果たそうとすることが、嫌われ役になるということでもあるんですよね。

私は選挙特番とかもよくやるんですが、そのたびに、生煮えのような感覚をもっています。選挙についての「語り」が成熟してないとも考えながら、でも満を持した選挙というのは誰にもないよなと思い直し、選挙を生きているという感じです。

私は選挙が好きなので、勝手に政治の話をしちゃうんですよね。だから、もっとみんなで政治の話をしようぜっていうモヤモヤがいつもありますが、最近は政策の話ができる仲間が増えて、そこはちょっとうれしいなって思っています。

参加メンバー

・たい焼き：ガムテープの匂いが好きで、見つけるとしばらく嗅いでしまう。目をすぐこすってしまう三十二歳。
・あずき：音楽とおいしいごはんと芸人さんのラジオとたまにいく展示が好き。二十二歳。
・お嬢さま：最近、放送局から飛び出した女。趣味は食事と飲酒です。
・あや：大学四年。日々アクティビストっぽいことをしている一市民。関心事は、気候危機をはじめとした社会問題とそのつながり。
・ない：狭間の十七歳。今日見た映画は『異人たち』。
・エルマー：デスクワークが主にもかかわらず、最近までデスクトップのすごさを知らなかった人。
・カスタード：よく働くゲーマー。いまでも「もし超能力が手に入るなら何がいいか」とか考える。

実施日：二〇二四年一月二十五日

あとがき

荻上チキ

対話とは、異なる意見を聞き合う営みです。言い合い、あるいは言いっぱなしで終わるのではなく、普段はふれないような意見にふれることで、他者の存在を認識しながら、社会に対するイメージを作り上げていく営みでもあります。

政治の研究者や実践者、そして政治についての疑問をもつ人々の声。それらを交換し、学問についての解説からさらに進んで、読者に政治との距離を問い直してもらえるような本。そんな一冊を作りたいと思い、本書を編みました。

選挙が終わると、多くの人には「不思議だな」という気持ちが湧くと思います。なんであの候補が勝ったんだろう。なんであの候補は伸び悩んだんだろう。あの候補を支持したのはどんな人なんだろう。そんな問いが浮かんできます。

直観から安易に答えを出そうとすると、「結局は」とか「あの人たちはさ」とか、大きく括るような言葉が出てきがちです。社会の声は複雑多様なのですが、それをあえて簡素化して議会や行政に代表を送るという政治手続きにとらわれるあまり、票の向こう側の姿を単純化してしまっては本末転倒です。

また、これらの選挙後の疑問に対しては、わずかな手がかりをもとに、短期間で「ひとまずの見立て」を語る作業がおこなわれます。人々が関心を寄せているタイミングで情報を提供しあうこうした作業は、それはそれとして重要です。

他方で、時間をかけて分析してみたり、より長い視点をもっておこなわれた研究をたどってみたりすると、より確からしい姿が見えてきたりもします。しかしそのころには、報道などで広く知見が共有される機会が少なくなってしまうのが、残念ながら現実です。

二〇二三年以降も、いくつかの選挙がおこなわれてきました。二四年の衆議院議員補欠選挙や東京都知事選挙は、政党間競争だけでなく、選挙妨害、ポスター占拠、候補者のメディア対応やＳＮＳ活用などが話題になりました。政権および自民党の支持率低下、他方での野党連携の見通しの立たなさ。注目される事象は数多くありました。

本書ではこの間のデータや事例を直接的に扱っているわけではありません。しかし、本書で重ねられた検討の手つきは、ほかの選挙に対する思索にも役立つと思います。

政治は、物事の解決法をめぐって、言葉を用いて調整を繰り返す手続きでもあります。選挙期間などには、瞬発的で強い言葉が飛び交いますが、その期間を振り返る丁寧な時間こそ、民主主義にとってはより重要なのかもしれません。この読書体験が、そんな時間をみなさんに提供できたのなら、このうえない喜びです。

永井玲衣（ながい れい）
人びとと考えあう場である哲学対話をおこなっている。エッセーの連載のほか、政治や社会についておずおずとでも語り出してみる場「おずおずダイアログ」、せんそうについて表現を通し対話する、写真家・八木咲とのユニット「せんそうってプロジェクト」、Gotch主催のムーブメント「D2021」などでも活動。第17回「わたくし、つまりNobody賞」受賞。詩と植物園と念入りな散歩が好き
著書に『世界の適切な保存』（講談社）、『水中の哲学者たち』（晶文社）など

［著者略歴］
飯田 健（いいだ たけし）
同志社大学法学部政治学科教授
専門は日本とアメリカの有権者の選挙での投票行動・世論
著書に『有権者のリスク態度と投票行動』（木鐸社）、『計量政治分析』（共立出版）、共著に『政治行動論』（有斐閣）など

菅原 琢（すがわら たく）
政治学者
専門は政治過程論
選挙と政治についてデータをもとにした分析を世に広く提供し、メディアなどの調査や分析のアドバイザーも務めている。戦後の衆参両院議員の国会での活動履歴や発言を一覧にしたウェブサイト「国会議員白書」を運営
著書に『データ分析読解の技術』（中央公論新社）、『世論の曲解』（光文社）、共著に『日本は「右傾化」したのか』（慶應義塾大学出版会）、『平成史［完全版］』（河出書房新社）など

秦 正樹（はた まさき）
大阪経済大学情報社会学部准教授
専門は政治心理学・実験政治学
日本における野党政治や陰謀論・フェイクニュースの受容メカニズムについての実証研究をおこなっている
著書に『陰謀論』（中央公論新社）など

田中東子（たなか とうこ）
東京大学大学院情報学環教授
専門はメディアテクノロジーと文化、現代フェミニズム理論、カルチュラルスタディーズなど
著書に『オタク文化とフェミニズム』（青土社）、『メディア文化とジェンダーの政治学』（世界思想社）、編著に『ガールズ・メディア・スタディーズ』（北樹出版）など

岸本聡子（きしもと さとこ）
杉並区長、公共政策研究者
大学卒業後、環境NGOを経てヨーロッパに移住。オランダ・アムステルダムを本拠とする政策シンクタンク・トランスナショナル研究所に18年間所属しながら、世界の公共政策の研究や市民運動と自治体のコーディネートをおこなう。2022年6月の杉並区長選で当選（無所属）。杉並区初の女性区長に就任
著書に『地域主権という希望』（大月書店）、共著に『コモンの「自治」論 』（集英社）など

大村華子（おおむら はなこ）
京都大学大学院法学研究科教授
専門は政治行動論、比較政治学
著書に『日本のマクロ政体』（木鐸社）、共著に『政治行動論』（有斐閣）など

[編著者略歴]
荻上チキ（おぎうえ ちき）
評論家。メディア論を中心に、政治経済、社会問題、文化現象まで幅広く論じる。ストップいじめ！ナビ代表理事。社会調査支援機構チキラボ所長。ラジオ番組「荻上チキ・Session」（TBSラジオ）メインパーソナリティ。「荻上チキ・Session-22」で、2015年度ギャラクシー賞DJパーソナリティ賞、2016年度ギャラクシー賞大賞を受賞
著書に『社会問題のつくり方』（翔泳社）、『いじめを生む教室』（PHP研究所）、『災害支援手帖』（木楽舎）など

[企画]
社会調査支援機構チキラボ（しゃかいちょうさしえんきこうチキラボ）
2021年設立。社会調査を実施し、私たちの暮らす環境や構造がもたらす問題を明らかにしてメディアや記者会見を通じての発信に取り組む。これまでに、ストーカー規制法改正のためのつきまとい実態調査と広報を手がける。つきまとい実態調査結果は国会でも取り上げられ、その後の法改正につながった。ほかにも「表現の現場調査団」の調査・広報、伊藤詩織氏へのインターネット上の誹謗中傷件数の調査と結果の発表など、多岐にわたる社会調査と発信をおこなう。22年11月に「宗教2世」当事者1,131人への実態調査を発表。代表理事の荻上チキはTBSラジオ「荻上チキ・Session」のパーソナリティを務め、日々ニュース解説をおこなっている
「社会調査支援機構チキラボ」（https://www.sra-chiki-lab.com）

選挙《せんきょ》との対話《たいわ》

発行――2024年10月7日　第1刷
定価――1800円＋税
編著者――荻上チキ
企画――社会調査支援機構チキラボ
発行者――矢野未知生
発行所――株式会社青弓社
〒162-0801 東京都新宿区山吹町337
電話 03-3268-0381（代）
https://www.seikyusha.co.jp
印刷所――三松堂
製本所――三松堂

ISBN978-4-7872-3546-6　C0036